AMOUR • ESPOIR • OPTIMISME

JACK
LAYTON

**Catalogage avant publication de Bibliothèque et
Archives nationales du Québec et Bibliothèque et Archives Canada**

Jack Layton : amour, espoir, optimisme
Traduction de : Love, hope, optimism.
ISBN 978-2-89585-393-0
1. Layton, Jack, 1950-2011. 2. Nouveau parti démocratique - Histoire.
3. Canada - Politique et gouvernement - 1993-2006. 4. Canada - Politique et
gouvernement - 2006- . 5. Hommes politiques - Canada - Biographies.
I. Turk, James, 1943- . II. Wahl, Charis. III. Titre.
FC641.L39L6814 2013   971.07092   C2012-942620-2

Translated from the English Language edition of
Love, Hope, Optimism : An informal portrait of Jack Layton by those who knew him
Edited by James L. Turk and Charis Wahl, published by James Lorimer & Company Ltd.
Copyright © 2012 by James L. Turk and Charis Wahl

Toutes les redevances des auteurs sont versées à l'Institut Broadbent,
qui œuvre pour la conception commune d'une citoyenneté libre, égalitaire et compatissante au Canada.

Image de la couverture : courtoisie de Bruce Kirby

© 2013 Les Éditeurs réunis (LÉR) pour la traduction française.

Les Éditeurs réunis bénéficient du soutien financier de la SODEC
et du Programme de crédit d'impôt du gouvernement du Québec.

Nous remercions le Conseil des Arts du Canada
de l'aide accordée à notre programme de publication.

Nous reconnaissons l'aide financière du gouvernement du Canada
par l'entremise du Fonds du livre du Canada pour nos activités d'édition.

Édition :
LES ÉDITEURS RÉUNIS
www.leslediteursreunis.com

Distribution au Canada :
PROLOGUE
www.prologue.ca

Distribution en Europe :
DNM
www.librairieduquebec.fr

f *Suivez Les Éditeurs réunis sur Facebook.*

Imprimé au Québec (Canada)

Dépôt légal : 2013
Bibliothèque et Archives nationales du Québec
Bibliothèque nationale du Canada

AMOUR • ESPOIR • OPTIMISME

JACK LAYTON

Un portrait de l'homme par ses intimes

Sous la direction de
James L. Turk et Charis Wahl

Traduit de l'anglais par Jean-Louis Morgan

LES ÉDITEURS RÉUNIS

AVANT-PROPOS

par Ed Broadbent

Tous les politiciens sont héritiers de leur époque, mais les leaders, eux, entreprennent de façonner leur ère.

En 2003, lorsque Jack Layton devint le chcf du Nouveau Parti démocratique (NPD), cette formation politique se classait en quatrième position parmi ses homologues au plan national. Lorsque Jack Layton mourut de manière tragique quatre élections plus tard, au cours desquelles le NPD fut le seul parti à enregistrer successivement des gains en sièges et en nombre de votes, la formation avait grimpé les échelons pour devenir le parti de l'opposition officielle. Ce résultat n'était pas le fruit du hasard ou de quelque virage à gauche, pas plus qu'il ne découlait de l'incompétence de certains chefs des autres formations. Pas davantage à cause de l'important vide démocratique qui s'était créé au Québec au cours de la dernière campagne électorale par suite de l'effondrement du Bloc québécois. Il est certain que les historiens dans les années à venir ne feront pas abstraction de ces facteurs possibles pour expliquer la montée du NPD. L'élément crucial de ce succès fut Jack Layton, l'homme que j'ai eu l'occasion de connaître et de fréquenter après qu'il eut accédé à la direction du parti.

6

Ce fut grâce au pragmatisme de Jack qu'un parlement minoritaire non seulement fonctionna, mais le fit de manière progressiste, malgré l'intervention de certains politiciens égocentriques et assoiffés de pouvoir. Grâce à sa détermination à ne pas se distinguer lors de débats partisans mais plutôt à réaliser des choses, il combla les vides occasionnés par les chamailleries à la Chambre des communes.

Les Canadiens le remarquèrent à juste titre. Ce constat était redevable à la proximité de Jack ainsi que de son personnel politique pendant plus d'une décennie dans le but de restructurer le parti au Québec. L'ardeur sans prétention de Jack, qui toucha le cœur de tant de Québécois par l'entremise des médias télévisuels, fit le reste pendant la campagne. Enfin, durant le débat en français, le style de Jack, précis, progressiste et respectueux, tomba à point nommé, à un moment où les Québécois rejetaient en masse un Bloc québécois sclérosé. En présentant la social-démocratie de façon chaleureuse et souriante, il a offert au Québec et au reste du Canada le plus important cadeau qu'un leader démocratique puisse faire : l'espoir. L'époque était propice, certes, mais surtout la présence d'un chef de parti répondant aux exigences de la tâche.

La plupart des textes qui suivent consistent en des souvenirs personnels de gens ayant partagé différents moments de la vie de Jack. Les miens sont ceux d'une amitié qui a vraiment commencé après sa nomination comme chef de parti. Même si j'ai toujours soutenu son leadership, mon appui se fondait principalement sur l'examen de son travail très constructif en politique municipale. Au cours de cette période à Toronto, on pouvait déjà deviner la personnalité qui devait percer plus tard, à la Chambre des communes : celle d'un homme énergique, pratique et innovateur, réussissant à mettre en place un programme progressiste. Les importants traits de caractère qui firent le succès de Jack me sont apparus seulement après que je me suis joint à son comité électoral en 2004 et 2006, et ensuite au cours des années qui suivirent lorsqu'il était leader et que nous nous rencontrions, le plus souvent à l'occasion de chaleureux et productifs repas.

Jack était très ambitieux pour son parti. Tout comme J. S. Woodsworth et Tommy Douglas, il savait pertinemment que, sur le plan politique, remporter un débat au Parlement ne constituait qu'un premier pas, et que ce qui comptait était le pouvoir. Alors seulement y avait-il moyen de mettre en œuvre des changements progressistes. Il souhaitait voir de son vivant un gouvernement fédéral néo-démocrate et considérait qu'alors seulement le Canada atteindrait son plein potentiel de justice sociale.

En attendant, Jack utilisait sa participation à des gouvernements minoritaires pour faire avancer les choses. Il travailla avec des premiers ministres, avec Stephen Harper et, avant cela, avec Paul Martin pour effectuer des changements résolument progressistes. Il prit de véritables risques et n'obtint pas toujours ce qu'il voulait. Cependant, avec son comité électoral, il parvint à obtenir des avantages réels pour les aînés, l'environnement et les chômeurs. Son leadership était lié aux causes sociales et non à l'opportunisme. Ferme dans ses convictions – la compassion, la tolérance et la non-violence –, il combattit pour obtenir des logements sociaux, l'égalité des gais et des lesbiennes, et l'établissement d'un registre cohérent des armes à feu. Au moment de sa mort, peu importe leur allégeance politique, les Canadiens avaient réussi à croire – ne serait-ce que de manière fugace – aux possibilités de la politique non politicienne. Les derniers jours de Jack furent, pour lui, remarquablement courageux et élégants. Pour le reste d'entre nous, ils furent tristes mais néanmoins inspirants.

INTRODUCTION

par James L. Turk

La dernière fois que je vis Jack, c'était pendant la campagne électorale de 2011, à l'occasion d'une allocution qu'il donnait à Gatineau, au Québec. Pessimiste de nature quant aux possibilités de voir se concrétiser des changements progressistes, je m'étais tout de même rendu à la réunion du NPD en compagnie de mon fils Alexi pour constater si les rumeurs concernant la « Vague orange » qui submergeait le Québec étaient une réalité. Pensant secrètement que ces rumeurs n'étaient surtout que des espoirs de personnes prenant leurs rêves pour des réalités, je me disais qu'au moins Alexi et moi grossirions les rangs.

C'était un jour d'avril plutôt grisâtre avec des orages menaçants et cette réunion avait lieu dans une banlieue éloignée que je ne parvins à trouver que grâce au GPS de mon téléphone portable. Mes pires appréhensions faillirent se concrétiser, mais dans le stationnement de l'école on pouvait voir l'autobus de campagne du NPD orné d'un gigantesque portrait d'un Jack Layton épanoui, une image suffisante pour rehausser l'enthousiasme de tout bon néo-démocrate ! Mieux, le stationnement était plein. Lorsque Alexi et moi entrâmes dans l'édifice, les gens se bousculaient et, malgré le fait que nous étions en avance, il nous fallut nous contenter de rester debout dans l'une des portes.

10

Lorsque Jack entra, la foule éclata en applaudissements. Il semblait en pleine forme et ne laissait rien paraître de la douleur qui le minait ni du mal qui devait l'emporter moins de quatre mois plus tard. Il se servait de sa canne, le seul signe extérieur de ses ennuis de santé, comme un bâton de tambour-major, symbole de force, d'enthousiasme et de détermination.

Après son allocution, il fut assailli par ses partisans qui tenaient à lui serrer la main, l'assurer de leur appui ou lui donner quelques conseils. Alors qu'il s'acheminait vers la sortie (qui était justement la porte où Alexi et moi nous tenions), Jack m'aperçut et s'approcha. Il me donna l'accolade, demanda des nouvelles de ma famille et me fit savoir combien il appréciait le travail de ma fille Jessica, un membre chevronné de son équipe. Je lui présentai Alexi, qu'il n'avait jamais rencontré. Il le serra également dans ses bras et, avant de poursuivre sa route, eut avec lui le même genre de conversation amicale qu'avec moi.

Jack était un homme politique qui brisait le stéréotype de ce qu'on appelle généralement un « politicien ». Il ne se contentait pas de vous accueillir avec effusion ; il s'engageait. Il était le même homme en public et dans la vie privée. Son intérêt envers le peuple était authentique et celui-ci le lui rendait bien. C'est ce que je réalisai lorsque, me rendant à ses funérailles, je traversai le square Nathan Phillips, ce vaste espace en face de l'hôtel de ville de Toronto pavé de milliers de dalles de béton. Même si on en parla beaucoup à l'époque, le spectacle était incroyable. Sur chaque dalle étaient écrits des messages à la craie évoquant la mémoire de Jack et chaque surface disponible jouxtant l'hôtel de ville en comportait un. Des milliers de personnes avaient apporté des fleurs, des couronnes, des souvenirs, des photos et des affiches et transformé le côté est du square en un sanctuaire dédié à Jack.

Alors que je commentais l'existence de ces milliers de messages, quelqu'un me fit remarquer qu'une pluie torren-tielle avait, la journée précédente, effacé ces témoignages mais qu'en moins de 24 heures ils étaient réapparus dans le square. Beaucoup commençaient par ces mots : « Je ne me suis jamais intéressé à la politique avant de vous connaî-tre », « Je n'ai jamais voté NPD, mais vous avez modifié l'opinion que j'avais de la politique » ou encore « Merci, Jack. Vous nous manquerez. » Des milliers de Canadiens se donnèrent la peine d'exprimer leur respect envers un politicien à une époque où l'estime qu'on porte aux gouvernants est à peu près aussi élevée que celle qu'on réserve aux vendeurs de voitures d'occasion.

Je fus donc enchanté lorsque Jim Lorimer et sa directrice de rédaction, Diane Young, me demandèrent si j'étais intéressé à diriger la publication de souvenirs portant sur la vie de Jack. J'acceptai, et je dois dire que ce projet s'est révélé plus fascinant que je m'y attendais.

En effet, Jack était un homme qui s'intéressait à beaucoup de choses, notamment l'environnement, la pauvreté, le logement, l'équité, la justice, les affaires municipales et les droits des travailleurs. Alors que je m'entretenais pour ce livre avec de possibles collaborateurs spécialisés dans ces questions, je constatai que chacune de ces personnes considérait Jack plus que comme un défenseur de la cause qui leur tenait à cœur. Elles le voyaient comme quelqu'un faisant partie de leur mouvement, quelqu'un qui connaissait leurs problèmes, qui était intéressé à prendre des moyens pour les régler, une personne prête à se dévouer pour leur cause malgré ses lourdes et nombreuses obligations. En fait, les protecteurs des sans-abris avaient adopté Jack comme un des leurs ; les écolos le considéraient comme un environnementaliste ; les défenseurs des droits des gais et lesbiennes le voyaient comme un allié, tandis que les organisateurs de banques alimentaires l'estimaient comme un de leurs porte-étendards. Bref, Jack soutenait chaque organisation humanitaire comme si elle était la sienne.

Jack était également un universitaire détenteur d'un baccalauréat en science politique de l'Université McGill, ainsi que d'une maîtrise et d'un doctorat dans la même discipline de l'Université York. Il se joignit au corps enseignant de l'Université Ryerson en 1974 et enseigna également à York et à l'Université de Toronto. J'ai rencontré Jack pour la première fois lorsqu'il accepta de me remplacer lors d'un cours traitant de questions urbaines que je donnais au Innis College alors que je devais m'absenter. Jack quitta le monde universitaire pour la politique municipale en 1982 mais n'en demeura pas bien loin puisque pendant plusieurs années il fut membre associé de faculté à l'Université de Toronto.

Homme aux multiples talents, Jack était un musicien passionné et un encanteur habile faisant du bénévolat pour tout groupe communautaire requérant ses services pour collecter des fonds. Je me souviens d'une fois où il se fit excuser lors d'un déjeuner car il devait rencontrer une petite communauté religieuse ayant besoin de son aide pour organiser une campagne de financement pour les sans-abris. Je fus d'abord déçu, car les déjeuners-causeries avec Jack offraient toujours l'occasion de discuter de sujets variés et stimulants. Je trouvais également peu courant qu'un politicien se montre si généreux avec un groupe de personnes ne se trouvant même pas dans sa circonscription municipale. Mais Jack ne pensait pas à ces choses. Pour lui, il s'agissait tout simplement d'une organisation essayant d'aider les nécessiteux, et c'est tout ce qu'il avait besoin de savoir.

Telle est l'atmosphère dans laquelle Jack baigna dès sa plus tendre enfance. Son arrière-grand-père immigra au Canada et travailla comme accordeur de piano – l'un des rares emplois qu'un aveugle pouvait pratiquer. Il fut par la suite propriétaire d'un prospère commerce de piano et fonda l'Association montréalaise pour les aveugles ainsi que la Fédération canadienne pour les aveugles – dont le travail est toujours soutenu par la famille Layton. Tel que le mentionne Diane McIntyre, l'aînée des cousines de Jack, dans un des textes qu'elle signe dans le présent ouvrage, le service communautaire a toujours constitué l'une des grandes traditions de la famille.

La politique fit également partie de l'éducation de Jack. Son grand-père, Gilbert Layton, fut député à l'Assemblée législative du Québec sous l'Union nationale de Maurice Duplessis avant de démissionner en 1939, à la veille de la Seconde Guerre mondiale, pour protester contre l'opposition du premier ministre à la conscription. Robert Layton, le père de Jack, fut membre du Conseil des ministres dans le gouvernement progressiste conservateur de Brian Mulroney dans les années 1980. Le premier geste politique de Jack fut de se faire élire président du Conseil des élèves du secondaire de la Hudson High School. Il ne se borna pas à assumer cette charge car, pour lui, elle ne constituait pas tant un titre honorifique qu'un moyen d'apporter des changements. Après avoir reçu son diplôme, il consacra ses efforts pour faire construire un centre-jeunesse à Hudson, dans la MRC de Vaudreuil-Soulanges.

Le plus grand plaisir que j'ai ressenti en préparant l'édition du présent livre fut de rencontrer tant de personnes dont la vie a croisé celle de Jack et d'écouter ce qu'elles avaient à dire sur ce remarquable Canadien. J'ai également été flatté lorsque Diane Young a proposé que Charis Wahl soit mon codirecteur de publication. J'espère que les fascinants témoignages que nous avons recueillis donneront aux Canadiens la possibilité d'en apprendre davantage sur Jack grâce aux souvenirs de ceux et celles qui le connaissaient bien.

Un ami pour certains, un politicien, un musicien, un universitaire, un enchanteur, un activiste communautaire, un membre de la famille dévoué ou encore un militant pour la justice sociale pour d'autres, Jack a toujours été un homme de grandes idées dont les sphères d'activités étaient reliées, souvent au grand dam de ceux qui auraient souhaité qu'il se focalise davantage sur d'autres priorités. Tel que le décrit Anne McGrath dans son texte dans ce livre, Jack adorait prêter l'oreille aux idées et en discuter, car il appréciait la sagesse qui se manifestait dans toutes les opinions. Brillant, plein de vie, optimiste, enthousiaste, il était l'une de ces forces de la nature sur laquelle on pouvait compter, que ce soit au cours d'interminables discussions avec des amis ou des parents réunis avec lui et son épouse Olivia autour de la table familiale, à une réunion communautaire, en qualité de président de la Fédération canadienne des municipalités ou à la Chambre des communes.

Même au cours de ses derniers jours, grâce à l'aide de proches comme Brian Topp et Anne McGrath, il prit le temps d'écrire à ses concitoyens et de les remercier pour leurs vœux d'encouragement. Il conseilla aux personnes atteintes de cancer de ne pas perdre espoir et de ne pas se décourager, même si sa bataille n'a pas eu le résultat espéré ; il fit remarquer que les thérapies et les traitements pour vaincre cette maladie n'avaient jamais été aussi évolués. Il exprima sa vive reconnaissance envers ses compagnons néo-démocrates pour leur appui et leur confiance qu'ils lui témoignaient, et les exhorta à demeurer fidèles à leurs

16

engagements en leur rappelant que leur cause était plus grande que n'importe quel chef. Aux jeunes gens, il fit remarquer que leur énergie, leur vision et leur passion pour la justice était ce dont le Canada avait besoin aujourd'hui et leur rappela qu'ils devaient se trouver au cœur de l'économie, de la vie politique, et des plans pour le présent et l'avenir du pays. Il rappela aussi à tous les Canadiens que leur pays pouvait en être un où règne une plus grande égalité, une plus grande justice et qui offre le plus de possibilités à ses citoyens. Il termina par un message d'amour, d'espoir et d'optimisme car, disait-il : « L'amour est cent fois meilleur que la haine. L'espoir est meilleur que la peur. L'optimisme est meilleur que le désespoir. Alors aimons, gardons espoir et restons optimistes. Et nous changerons le monde. »

Tous les droits d'auteur de ce livre seront versés à l'Institut Broadbent, une œuvre que Jack soutenait parmi tant d'autres, pour nous aider à construire ensemble une nation plus équitable, plus impartiale, offrant des possibilités au sein d'une économie prospère et visant à créer une société partageant ses bénéfices de manière plus juste.

CHAPITRE 1

IL ÉTAIT UNE FOIS...

Jack Layton est pratiquement tombé dans la politique dès son plus jeune âge. Son grand-père, Gilbert, était député à l'Assemblée législative du Québec et son père Bob faisait partie du cabinet de Mulroney. (La politique doit d'ailleurs être présente dans l'ADN des hommes Layton car Mike, le fils de Jack, est conseiller municipal à Toronto.) Né en 1950, Jack grandit à une époque de militantisme. Aussi ne faut-il pas se surprendre s'il considérait l'engagement social et politique comme un moyen d'aplanir les inégalités qu'il pouvait observer autour de lui. Au cours de sa jeunesse, il aborda une foule de sujets, allant de l'intimidation aux relations plus harmonieuses devant exister entre les communautés francophones et anglophones de sa ville de Hudson, au Québec.

En déménageant à Montréal vers la fin des années 1960, Jack apprit ce qu'était la vie en ville. Étudiant à l'Université McGill, puis poursuivant ses études et enseignant à Toronto, il fut en mesure de comprendre les mécanismes des grandes agglomérations, tout particulièrement ce qui concernait les préjugés et les zones d'ombres, qu'ils soient de nature ethnique, économique, sociale ou environnementale. Comme ses élèves en prirent conscience, il développa une compréhension accrue des moyens de mise en œuvre des politiques susceptibles d'améliorer la vie urbaine ou de la maintenir dans un état statique.

Les origines de la famille
par Di McIntyre

Notre arrière-grand-père, Philip E. Layton, immigra au Canada avec la promesse d'être engagé comme organiste et directeur de chorale. Bien qu'aveugle, il créa son propre emploi, tout d'abord en accordant des pianos puis en démarrant avec son frère Herbert la société de pianos Layton Brothers, prospère avec le temps, dont la salle de montre se trouvait à Montréal, au coin des rues Sainte-Catherine et Stanley. Philip était un musicien et un compositeur de talent. Il composa plusieurs chansons très patriotiques, dont la « Dominion March ». Jack était d'ailleurs l'un des rares membres de la famille capable de jouer cet air militaire d'autrefois sur un piano ou un orgue.

En guise de reconnaissance envers la collectivité, Philip E. Layton et son épouse, Alice Marion Layton, fondèrent l'Association montréalaise pour les aveugles (AMA). Ils achetèrent un terrain et collectèrent des fonds pour construire une école pour les enfants aveugles et créer ainsi des emplois et de la formation pour les handicapés visuels. La première journée de vente d'épinglettes donna de bons résultats et des centaines de Montréalais y allèrent de leur cotisation. Sur cette lancée, Philip créa la Fédération canadienne pour les aveugles et exhorta les comités parlementaires à instituer des pensions pour les aveugles incapables de se trouver du travail. Nos grands-parents poursuivirent ce travail. Le père de Jack, l'Honorable Robert Layton, fut président du conseil d'administration de l'AMA, et Nancy, la sœur de Jack, siégea au conseil de cette même organisation.

Nos grands-parents étaient Gilbert Layton (natif de Montréal) et Norah Lestelle England Layton (arrivée à Montréal à l'âge de sept ans). Ma mère, Joan Layton-McIntyre-Hurley-Negus, était la première des quatre enfants de la famille Layton. Le père de Jack, Robert, était le deuxième, suivi de Philip et de Barbara (Layton-Elvidge). La famille vivait au 3556, avenue Belmore et, plus tard, au 2526, avenue Mayfair, à Notre-Dame-de-Grâce. Les enfants fréquentèrent l'école secondaire de Montréal-Ouest et étaient très actifs au sein de l'Église anglicane St. Philip, où tous les quatre chantaient dans la chorale. Jack naquit à 14 h 30 lors d'une journée radieuse. Doris Layton, sa mère, déclara que ce jour était le plus heureux de sa vie. En compagnie d'oncle Bob, elle connut d'autres journées heureuses lorsque Nancy, Rob et David vinrent grossir la famille, mais on peut dire que la naissance de Jack fut marquée d'une pierre blanche.

Durant notre enfance, les Layton se retrouvaient chez les grands-parents, Noni et Pop (Norah et Gilbert Layton), pendant les fêtes de fin d'année. Ma sœur Barbara, Jack et moi étions les premiers petits-enfants. Nous étions donc choyés par nos grands-parents, nos tantes et nos oncles, qui nous apprenaient nombre de jeux et de chansons.

Pendant la période estivale, les membres de la grande famille Layton passaient souvent leurs vacances dans l'immense maison située presque au sommet de la colline où se trouve la rue Conference, à Knowlton, en Estrie. Une longue allée ombragée menait à cette vaste propriété, s'étendant sur une rue en cercle. Ce terrain, qui a depuis été vendu et subdivisé, était bordé d'arbres majestueux, de jardins à l'anglaise et comportait un endroit marécageux plein de roseaux et de nénuphars ainsi qu'un boisé. Nous avions tout ce qu'il fallait pour jouer et passer des journées heureuses et insouciantes à construire des cabanes et aider au jardinage. Nos grands-parents semblaient connaître tout le monde dans le quartier et invitaient fréquemment leurs voisins.

Nous parcourions souvent la région, assistions aux fêtes agricoles ou paroissiales, ponctuées par des chevauchées à dos de poney et l'observation des canards du lac Brome. Nous allions presque chaque jour à la plage ou faisions du bateau au club nautique adjacent au lac.

En 1962, on dénombrait 14 cousins Layton ; la vénérable maison de huit chambres était des plus animées lorsque toute la parenté débarquait. Étant donné que tous les membres de la famille vivaient à Montréal ou dans l'Estrie, nous pouvions nous voir fréquemment. Chaque famille avait des chambres attitrées. La maison était entourée de porches équipés de moustiquaires et comportait une immense véranda à l'avant. On trouvait sur les porches des tables de ping-pong, une balançoire à plusieurs places, de quoi s'amuser lors des journées pluvieuses. Nous nous réunissions souvent autour du piano familial (de marque Layton, évidemment !) pour chanter en chœur.

Chaque été, nous donnions un coup de main pour le pique-nique de l'Association montréalaise pour les aveugles, organisé par ma grand-mère. Nos cousins distribuaient les sandwichs et les friandises, servaient le thé et accompagnaient les convives dans les jardins ou sur les embarcations du club nautique du lac Brome. Ce pique-nique annuel constituait un événement très attendu, qui nous permit de mieux connaître plusieurs des invités au fil des années. Lorsque mes grands-parents déménagèrent, les voisins de la rue Conference poursuivirent cette tradition annuelle.

Les parents de Jack s'étaient connus lors d'un rendez-vous surprise organisé au club nautique du lac Brome et ses grands-parents maternels, Connie et Jack Steeves, possédaient un chalet sur le bord du lac, entre Knowlton et Foster. Les cousins de Jack du côté de la famille Steeves, Ralph, Linda et Randy Jones, y résidaient souvent lorsque nous passions par là. Lorsqu'il faisait beau, nous étions toujours dans l'eau, plongeant du quai ou alors nous partions en bateau. On nous encourageait parfois à jouer sur le porche à toutes sortes de jeux de cartes, notamment à un curieux jeu comportant de petits cubes de bois, des fiches ainsi qu'une boule en laiton, plutôt bruyante. Il y en avait un autre appelé « Bagatelle » inventé par son grand-père. Je sais maintenant qu'on nous reléguait à l'extérieur pour que les adultes puissent avoir la paix, mais nous l'ignorions alors. Jack adorait explorer le lac Brome à bord de l'embarcation à moteur de son grand-père, une tradition qu'à son tour il poursuivit lorsqu'il fut en âge de devenir aïeul.

Lors des vacances de Noël, nous nous réunissions tous avec nos cousins McIntyre, Layton et Elvidge à Pointe-Claire ou à Cowansville, ou avec le clan Steeves-Jones à Hudson. Tous chantaient en chœur et, au centre, à la guitare, on retrouvait Jack adolescent jouant avec conviction. Je me souviens qu'il interprétait souvent *The House of the Rising Sun*.

Je me souviens des repas de Pâques chez mes grands-parents, rue Sherbrooke, à Montréal, lorsque nous choisissions quel morceau nous devions prendre du gigantesque lapin en chocolat qui trônait au milieu de la table de la salle à manger – un cadeau que Pop avait reçu. Puis c'étaient les chants ensemble, avec Pop au clavier, autour du petit piano à queue Layton Brothers au placage entretenu avec amour. Je me rappelle particulièrement les danses que j'improvisais sur l'air de la comptine enfantine *Pop Goes the Weasel*. Doris, la maman de Jack, disait souvent : « Les Layton ont 365 raisons par an de se réunir et d'organiser des fêtes de famille ! »

Les Layton et les Piper à Hudson, au Québec
par John Piper

En 1948, notre famille déménagea d'un appartement des années 1920 sur le chemin de la Reine-Marie à Montréal pour un paradis rural situé à Hudson. Cette agglomération bucolique comptait 1000 habitants et trois paroisses : une de religion anglicane, l'autre appartenant à l'Église unie et la troisième de confession catholique. On y parlait l'anglais comme le français. Nous vivions près de l'église anglicane et les Layton résidaient à six ou sept maisons de là. Ma sœur Julia et moi adorions cet environnement bilingue.

Notre enseignante de français aux niveaux élémentaire et secondaire à Hudson était la charmante Mme Eileen Waldron. Le jeune Jack Layton et moi profitâmes de la passion qu'elle portait à la culture française. De plus, Jack avait acquis à Hudson les rudiments d'un français assez peu livresque en faisant des sports avec les garçons du village. Julia se souvient d'une camarade de classe handicapée que certains galopins ridiculisaient constamment. « Jack s'interposait alors et les semonçait pour leur conduite… » se rappelle-t-elle.

En ce qui me concerne, les relations que j'entretenais avec les Layton se déroulaient surtout avec les parents de Jack, Bob et sa mère Doris. Ils dirigeaient les « Hi-C Teens », un groupe interconfessionnel d'adolescents de l'Église unie Wyman. Cela me permettait de composer de la musique, de diriger une chorale ainsi qu'un groupe de danse. Bob et Doris Layton étaient très aimés des jeunes car ils les encourageaient à développer de nouveaux champs d'activités et leur présentaient de nouvelles perspectives. Malgré son jeune âge, Jack profitait de cette expérience musicale.

Je ne revis plus Jack avant que nous nous installions tous deux à Toronto à l'époque de la réforme urbaine de David Crombie et John Sewell.

À la suite de la tuerie à l'École Polytechnique de Montréal, en 1989, je fus témoin des efforts incessants de Jack pour sensibiliser les gens à la Campagne du ruban blanc contre la violence faite aux femmes dans tout le Canada et dans plus d'une vingtaine de pays. Il ne cessa alors de militer pour cette cause auprès des instances gouvernementales, du secteur privé, des conseils scolaires, des syndicats et de milliers de groupes et de personnes.

Après sa campagne électorale pour la mairie de Toronto, que nombre de personnes de notre génération appuyèrent, Jack nous confia qu'il avait un œil sur la politique fédérale. J'offris de l'aider en coulisse. Nous étions *deux gars de Hudson* s'attaquant à un défi d'envergure nationale. En 2011, des millions de Québécois et de Québécoises le connaissaient comme « *Le bon Jack* », un sobriquet qui le décrivait bien et qu'il mérita jusqu'à la fin.

Pour Jack, le dernier chapitre de notre ère « hudso-nienne » s'écrivit au début d'octobre 2011, lorsque sa mère Doris et sa conjointe Olivia Chow enterrèrent ses cendres derrière un bouquet de cèdres dans le cimetière de l'Église unie Wyman. Sous une automnale pluie battante, des centaines de familles de Hudson, des amis, d'anciens compagnons de classe et du village témoignèrent des valeurs que Jack avait reçues à la maison, à l'école et dans cette agglomération québécoise.

Des amis de la première heure
par Richard Zajchowski

Jack et moi nous sommes rencontrés alors que nous avions 10 ans. Nos familles étaient membres du club nautique de Hudson, un village à une cinquantaine de kilomètres de Montréal. C'était un chaud après-midi d'août et le club avait organisé une journée d'activités pour tous les enfants de 9 et 10 ans. Je fréquentais l'école catho-lique et tous les autres enfants de ma tranche d'âge ce jour-là venaient de l'école protestante, si bien que je n'en connaissais aucun. Ils étaient sympathiques quoique distants, à l'exception d'un garçon nommé Jack Layton, qui s'empressa de m'inclure dans ses activités et s'intéressa à moi. Inutile de dire que j'accueillis favorablement cette preuve d'amitié.

À l'hiver, je ne vis guère Jack mais me souvenais de ce bon copain.

L'été suivant, le club nautique de Hudson organisa un premier concours de natation et annonça sur une grande affiche que tous les enfants pouvaient participer à cette épreuve. Curieux mais hésitant, je me rendis toutefois à la première séance d'entraînement pour voir à quoi cela ressemblait. Au bord de la piscine, je surveillais l'évolution des nageurs. Une quarantaine d'enfants faisaient des longueurs et semblaient y prendre beaucoup de plaisir. C'est alors que je vis que mon copain Jack Layton faisait partie du groupe. Dès qu'il m'aperçut, il s'empressa de sortir de l'eau pour venir m'accueillir et m'inviter chaleureusement à me joindre au groupe, ce que je fis. Ce fut le début d'une belle amitié et le commencement d'une passion mutuelle pour les épreuves de natation.

Nous avions toutefois d'autres intérêts en commun. Nous étions tous les deux de bons élèves et nous intéressions à une foule de sujets. Nos anniversaires étaient proches (j'étais né six jours avant lui) et leurs dates étaient importantes puisque les compétitions s'effectuaient par groupes d'âge. Par conséquent, Jack et moi étions constamment en concurrence. Loin de nous déranger, cette situation renforçait notre amitié et notre compétitivité sportive. Nous passions donc l'été au bord de la piscine et, tout comme les enfants admirateurs des joueurs de hockey, nous nous inspirions des célèbres nageurs de notre époque. Nous passions des heures à améliorer notre style et à prendre en exemple les exploits de nos champions de nage favoris.

Au début de ce premier été dans l'équipe de natation, je constatai chez moi une sérieuse lacune : je ne savais toujours pas plonger. J'étais capable de me jeter à l'eau, bien sûr, mais plonger était une autre affaire. Je trouvais cela d'autant plus embarrassant que les autres enfants se débrouillaient bien. Lors d'une journée d'entraînement, nous eûmes à sauter à partir du bloc de départ, et je compris que mon incapacité à faire comme mes camarades allait être démasquée. J'effectuai un plongeon lamentable devant tout le monde et en fus mortifié. Sorti de l'eau, je courus me cacher piteusement derrière un des filtres de la piscine. C'est alors qu'après l'exercice Jack vint me trouver et me dit : « Nous allons travailler cela ensemble. Un nageur rapide comme toi doit apprendre à être tout aussi efficace au tremplin. (Je dois avouer que Jack plongeait fort bien, et on aurait cru que tout ce que ce garçon entreprenait lui réussissait !) Il passa des heures à me montrer comment entrer dans l'eau tête première. Lorsque je parvins à maîtriser ma technique, je fus soulagé et satisfait, et je pense que Jack fut encore plus heureux que moi.

Au cours de l'été 1964, notre professeur de natation décida que l'équipe de Hudson s'entraînerait deux fois par jour, à 7 heures du matin – quelle heure insolite ! – et à 11 heures, ce qui était plus raisonnable. Au lever du jour, une vingtaine de garçons et de filles à moitié endormis enfilaient leur maillot de bain sous leurs vêtements et se rendaient à bicyclette à l'entraînement. Il fallait être à l'heure car le moniteur avait décidé que ceux qui n'étaient pas à l'eau à 7 heures précises pouvaient rentrer chez eux. Bref, il tolérait mal les retardataires.

Chaque matin, alors que l'heure fatidique approchait, tout le monde se dévêtait et se jetait à l'eau sans tarder. Jack et moi avions un bon camarade dénommé Bruce, qui attendait toujours la dernière minute pour se tremper. Un matin, à quelques secondes de l'heure prévue, Bruce baissa son short pour constater trop tard qu'il avait oublié d'enfiler son maillot de bain ! Il se retrouva dénudé pendant une fraction de seconde et provoqua l'hilarité générale.

Une semaine plus tard, un peu avant 7 heures, Jack rappela la mésaventure de Bruce. Ce dernier fut le premier à en rire car Jack n'était pas mesquin et profitait seulement de l'occasion pour manifester ses talents de conteur. L'heure de la baignade sonna et l'entraîneur invita ses élèves à sauter à l'eau alors que Jack terminait à temps son histoire. Il se dévêtit pour s'apercevoir, à trois pas de la piscine, que, lui aussi, était nu comme un ver. Il plongea mais le mal était fait. Lorsque nous cessâmes de rire, le moniteur lui jeta un short qu'il enfila et l'entraînement put commencer.

Comme un poisson dans l'eau

par Doris Layton

Lorsque Jack eut 10 ans, il m'apprit que le club nautique de Hudson comportait dorénavant une piscine et qu'il avait comme directeur un jeune homme diplômé de l'Université McGill ayant l'intention de former une équipe de natation. L'entraînement devait débuter tôt le matin et Jack me fit part de son intention d'y participer. Je lui offris un réveille-matin et l'autorisai à se rendre au club à bicyclette aux aurores. Il revenait à la maison prendre son petit-déjeuner puis regagnait la piscine pour aider à la nettoyer et nager jusqu'à midi. Par la suite, il y retournait après la période réservée aux adultes. En compagnie de plusieurs jeunes, il passa là un été rempli d'activités, notamment des séances d'entraînement en vue du Championnat canadien de natation.

Les parents faisaient en sorte que ceux qui composaient l'équipe poursuivent leur entraînement durant l'hiver en devenant membres de l'Association des athlètes amateurs de Montréal. Les mères accompagnaient les enfants jusqu'au train de banlieue après la classe. Les séances d'entraînement ayant lieu en soirée, les pères les ramenaient à la maison en voiture à tour de rôle. Jack connaissait les règles familiales : le travail scolaire était prioritaire, les exercices de piano pour les examens de musique à l'école venaient en seconde place et la natation, en troisième. Il se disciplina en conséquence et suivit ce rythme sa vie durant.

Poursuivant son entraînement, à 15 ans Jack battit le record national des quatre nages individuelles mais, à la suite de ce succès, décida que ses résultats n'étaient pas suffisamment exceptionnels pour prétendre concourir aux Jeux olympiques. Il préféra donc se présenter à la présidence du Conseil des élèves de la Hudson High School, une initiative qui fut, en fait, le début de sa carrière politique. Toutefois, il n'abandonna jamais la natation puisqu'à l'Université McGill il se joignit à l'équipe de water-polo. Plus tard, Olivia et lui prirent des vacances dans les Antilles pour y faire de la plongée sous-marine et admirer les merveilles de la mer.

Idéalisme et réalpolitique

par Richard Zajchowski

Dès que Jack s'est rendu célèbre en qualité de chef du NPD, je me suis à l'occasion senti obligé de défendre son honneur en m'inscrivant en faux contre l'éternelle rengaine voulant qu'il ne soit avant tout qu'un politicien pensant seulement à ses intérêts. Je savais que son désir le plus cher était de voir une collectivité plus équitable et qu'il s'agissait là d'un souhait conforme à ses propres valeurs.

L'idéalisme de Jack était similaire à celui qui animait son père. Alors que nous étions adolescents, ce dernier, que nous appelions « Monsieur Layton », avait réuni un groupe de jeunes qui se rencontraient le dimanche soir dans la salle paroissiale de l'Église unie de Hudson et qui s'appelait *The Infusers*. Même si M. et Mme Layton enseignaient à l'école du dimanche de l'Église unie, le groupe était non confessionnel et tout prêche en était exclu. Comme son nom l'indiquait, l'objectif consistait à « infuser » des valeurs en explorant et en débattant de questions préoccupant la jeunesse. Chaque dimanche soir, M. Layton soumettait un sujet accompagné d'un film ou d'une présentation, suivis de discussions en petits groupes ou en assemblée. La soirée se terminait immanquablement par un tour de chants folkloriques, et Jack, qui avait appris à jouer de la guitare avec un talent certain, nous accompagnait. Les *Infusers* étaient très populaires auprès des jeunes de Hudson, car M. Layton ne craignait pas d'aborder des sujets controversés. Stupéfiants, aliénation, sexualité, guerre du Viêtnam constituaient des sujets de discussion typiques du dimanche soir.

Les *Infusers* pratiquaient également des activités humanitaires, car M. Layton organisait des visites à la Mission Bon Accueil, au centre-ville de Montréal, où nous servions des repas à l'occasion de la fête de l'Action de grâces ou du Nouvel An aux personnes défavorisées de la ville. Cette expérience permettait à des adolescents venant d'une banlieue confortable comme Hudson d'observer de dures réalités. Je me souviens que Jack était souvent ébranlé par les inégalités qui existaient dans le monde et il remarquait souvent que les résidants de sa joyeuse banlieue ne réalisaient pas leur bonheur.

32

Tout comme son père, Jack combinait l'idéalisme à un activisme social pragmatique. Ils croyaient tous les deux qu'en contribuant à établir de saines structures communautaires les citoyens pouvaient s'épanouir en renforçant leur collectivité. Ils avaient également de solides principes éthiques quant aux services à la communauté ainsi qu'une bienveillante personnalité. Ils réalisaient que les changements dont la société avait besoin passaient dans une bonne mesure par des décisions de nature politique.

Jack était toutefois plus idéaliste que son père. Dans les années 1960, nous grandissions dans un esprit « *peace and love* » et, plus qu'aucun d'entre nous, Jack tenait à ce que ces idéaux se concrétisent. Aussi s'engageait-il résolument.

En 1966, il fut élu président du Conseil étudiant de son école secondaire et s'évertua à établir un centre-jeunesse à Hudson. Il parvint même à faire dresser les plans du projet. L'année suivante, il fut élu « commodore junior » du club nautique de Hudson, qui était alors exclusivement anglophone. Jack découvrit qu'à ce titre il pouvait inviter autant de personnes qu'il voulait au bal hebdomadaire des jeunes. Aussi, à l'occasion de l'une de ces soirées, il fit savoir qu'il invitait tous les jeunes francophones qui se présenteraient aux portes du club. Tout le monde s'amusa bien mais, le jour suivant, les administrateurs du club manifestèrent leur mécontentement avec véhémence parce qu'on avait laissé entrer autant de Canadiens français. Sans même en discuter

avec ces irascibles messieurs, Jack leur présenta instantanément sa démission.

En 1968, Jack et moi tombâmes sous le charme de ce
qu'on appelait alors la « Trudeaumanie ». À cette époque,
M. Layton père militait pour le parti libéral aux niveaux
fédéral et provincial et nous avait mobilisés pour faire du
bénévolat pour le candidat local du parti. Cet été-là, nous
remplîmes donc des enveloppes, collâmes des affiches et
accomplîmes d'autres petits travaux du genre. Lorsque
Trudeau et notre candidat local remportèrent leurs
élections, Jack et moi eûmes l'impression d'avoir eu notre
petit rôle à jouer dans ces victoires. Jack entretenait
toujours ses idéaux de changements. En 1969 et 1970, il
fut élu premier ministre du Parlement jeunesse du
Québec. Sous sa direction, ce parlement-simulation a
adopté plusieurs motions progressistes telles que l'égalité
salariale entre les hommes et les femmes, la légalisation
de l'avortement et les garderies.

En juin 1972, Bob Layton brigua le poste de candidat
libéral fédéral en vue des élections prévues pour l'automne.
Il est vrai qu'après s'être dépensé sans compter pour ses
collègues son tour était venu, d'autant plus qu'il était
populaire dans sa circonscription. Sa mise en candidature
eut lieu un beau dimanche après-midi et nombre d'entre
nous, y compris Jack et moi, nous étions joints aux libéraux
et nous apprêtions à voter pour Bob Layton, que nous
estimions grand gagnant. Il mena dès le premier tour de
scrutin et consolida son avance au second tour, mais aucun

candidat n'avait encore de majorité, si bien qu'un troisième tour s'imposa.

C'est alors que l'impensable survint. Presque tous les candidats défaits se liguèrent contre Bob Layton pour soutenir le seul candidat qui restait. Nous étions stupéfaits. Des manigances avaient de toute évidence eu lieu en coulisse pour causer sa perte, et un grand silence s'abattit sur nous tous et sur la famille Layton. Ce fut une pénible expérience de réalpolitique. C'est alors que Jack et son père quittèrent pour de bon le Parti libéral et que leur allégeance politique prit une autre direction.

Témoin de l'épanouissement d'un jeune espoir
par Mel Watkins

L'une des joies du métier de professeur réside dans la fréquentation de ses étudiants, car certains d'entre eux finissent parfois par faire partie de notre vie.

J'ai rencontré pour la première fois Jack Layton dans les années 1970 alors qu'il étudiait en science politique à l'Université York et que j'enseignais l'économic politique à l'Université de Toronto. Il rédigeait alors sa thèse de doctorat sur les investissements étrangers et l'Agence d'examen de l'investissement étranger. Vu que j'étais spécialisé dans ces questions, il vint me consulter. Il compléta son travail de manière factuelle et on me demanda de faire partie du comité d'évaluation de la présentation orale de sa thèse.

Des années plus tard, Jack ne manquait pas de dire à qui voulait l'entendre que je lui avais donné du fil à retordre, mais le seul souvenir que j'ai de cet examen en est un des plus touchants. En effet, une fois qu'il eut soutenu sa thèse et qu'on lui apprit qu'il était reçu, il s'excusa pour s'empresser de téléphoner à son père.

Nous vivions tous les deux dans le quartier avoisinant l'Université de Toronto. Sa fille Sarah et ma fille Emily fréquentaient la même école, si bien que nous avions l'occasion de nous rencontrer. (Par pure coïncidence, Emily se retrouva un jour à travailler pour le NPD sur la colline parlementaire comme chef de cabinet de Jack.) Au fil des ans, Jack créa beaucoup de relations à l'Université de Toronto. Pendant des années, il travailla pour le programme environnemental d'Innis College et prononça tous les ans un discours commémoratif dans cette institution. Des années plus tard, alors que nos routes se croisèrent, Jack et moi eûmes l'occasion de parler des joies d'être grand-père.

Jack se présenta au conseil municipal de Toronto dans la circonscription dans laquelle je vivais, et je me fis un devoir de lui donner un coup de main pour le faire élire. Je me souviens particulièrement de la fois où il se présenta comme maire et où je fis de la sollicitation avec lui vers la fin de sa campagne. Il était évident qu'il n'obtenait pas les résultats escomptés, même dans sa propre circonscription, mais cela ne l'empêcha pas de monter et descendre les escaliers des maisons avec une bonne humeur communicative. Ce n'était pas ce sourire de commande qu'on prête volontiers aux politiciens, mais simplement la manière dont cet homme était, une étonnante force tranquille. Des années plus tard, lorsqu'il se présenta aux élections fédérales, je fis du démarchage électoral avec lui aux stations de métro le matin à l'heure de pointe. Ce n'est pas le moment où je suis dans ma plus grande forme, mais c'était un réel plaisir de sortir du lit afin d'accompagner Jack qui souhaitait une bonne journée à nos concitoyens.

Des occasions de se montrer utile
par Richard Zajchowski

Cela se passait par une chaude soirée d'été en 2010. De passage à Toronto, j'avais fixé un souper tardif dans un pub avec Jack.

Après l'accolade d'usage, je décidai de lui poser une question qui me tracassait depuis longtemps et lui demandai s'il se trouvait dans les mêmes dispositions que lors de ses débuts à Hudson. « Nous avons tant reçu, lui fis-je remarquer : des parents aimants, une belle éducation, un environnement favorable, bref, tout ce dont nous avions besoin. J'ai toujours eu l'impression que nous devions faire bénéficier les autres des avantages dont nous avons pu profiter. Tu connais ce verset de l'Évangile qui dit : "À qui on aura donné beaucoup il sera beaucoup demandé…"

Est-ce l'esprit qui t'anime ? » Connaissant Jack, j'étais sûr qu'il acquiescerait.

Mais je fus surpris lorsqu'il me répondit : « Pas du tout, Zack ! Ce n'est pas ce qui me fait avancer, mais plutôt l'occasion de me montrer utile envers les autres. » Il m'expliqua ensuite comment son père avait inculqué à tous ses enfants l'idée de faire œuvre utile. Lorsqu'ils étaient petits, après le souper, alors que tous étaient encore autour dc la table, M. Layton leur disait : « Regardez cette pile de vaisselle sale. Voilà une bonne occasion de vous montrer serviables… » Les enfants n'avaient pas besoin d'explications. Ils ronchonnaient un peu mais, bientôt, l'un d'entre eux emmenait la vaisselle à la cuisine et commençait à la laver. M. Layton se joignait alors au volontaire, chantait et parlait avec lui des choses qu'il avait faites dans la journée. Grâce à ce genre d'encouragement, expliquait Jack, cette idée de service à la communauté s'inscrivit dans l'ADN des enfants Layton. Ainsi avait-il toujours été enthousiasmé par l'idée de servir son prochain.

Pour le principe et le plaisir
par Myer Siemiatycki

Peut-on s'imaginer Jack Layton dans la vingtaine ?

Les qualités que les Canadiens associent à l'image de Jack dans la soixantaine, lors de sa campagne électorale de 2011 menée tambour battant, sont synonymes d'énergie indomptable, d'optimisme et de compassion. On peut alors se demander quels mots décriraient le mieux la personnalité d'un Layton en pleine jeunesse, à un moment où les traits de caractère sont plus intensément manifestes.

J'eus l'insigne privilège de travailler avec Jack au cours des années 1978 à 1980. Je dois préciser qu'il demeurait attaché à ceux qui l'aimaient ; qu'il s'agisse d'amis de longue date ou de simples admirateurs, il ne manquait pas de les appeler par leur prénom. Le Jack Layton que je fréquentais alors était simplement extraordinaire et tout observateur pouvait aisément deviner qu'il laisserait son empreinte dans le monde politique.

Jack m'engagea en 1978. Il était alors professeur titulaire de science politique à l'Université Ryerson. Il avait été détaché pour donner un cours universitaire de politique municipale sur les ondes d'Open College CJRT-FM, la radio éducative d'enseignement à distance de Ryerson. Cette tâche sous-entendait la préparation de 48 heures d'émissions de radio comprenant des cours et des entretiens avec des spécialistes. Heureusement, j'étais considéré comme une personne polyvalente capable d'assumer un double emploi. Aussi fus-je engagé pour travailler avec Jack en qualité de partenaire. Il m'appelait d'ailleurs son « associé ».

Mettre cette émission en ondes ne fut jamais un juste partenariat car Jack, en plus d'accomplir sa part de travail, se chargeait également d'une partie de la mienne. Plus expérimenté que moi dans les sujets que nous traitions, il assumait généreusement la moitié de la charge pour préparer ce cours. Pendant deux ans, nous avons travaillé côte à côte des jours durant qui, parfois, se prolongeaient dans la nuit afin de diffuser cette émission avec l'aide éclairée de notre réalisateur John Valenteyn.

Jack était un enseignant stimulant, qui considérait le savoir comme une possibilité d'agir, comme un moyen d'aider les étudiants à comprendre le monde et à prendre des décisions pour l'améliorer. Il concentrait l'attention de ses élèves sur la résolution de problèmes véritables affectant la vie quotidienne des gens. Pour nombre d'étudiants de l'Université Ryerson, comme je pus le constater dans leurs messages qui suivirent la disparition de Jack, les déambulations en ville qu'il organisait avec ses classes furent les moments forts de leurs années universitaires. Jack leur apprenait comment « lire » une ville en l'observant, leur demandait de constater comment le pouvoir et la pauvreté, les privilèges et les privations se côtoient et peuvent modifier le paysage urbain. Essentiellement, Jack enseignait à ses étudiants combien ils pouvaient faire de leur ville un meilleur endroit où vivre et de quelle façon ils pouvaient jouer un rôle important dans l'atteinte de ces objectifs.

Le dialogue entre nous fut constant dans le bureau que nous partagions à la fin des années 1970. Jack évoquait fièrement son élection au poste de premier ministre du Parlement jeunesse du Québec, et il était clair qu'il considérait davantage cette expérience comme une répétition générale plutôt qu'une simulation fantaisiste de son accession à la véritable colline parlementaire. Jack était davantage porté à se rappeler sa jeunesse lorsqu'il fustigeait la discrimination et l'injustice. Il se souvenait de la fois où, à Hudson, il avait invité des adolescents francophones à un bal pour les jeunes de son club nautique même s'ils n'étaient pas membres, ou encore lorsqu'il était intervenu pour qu'on accepte des personnes de couleur dans sa confrérie universitaire.

Pour Jack, la vie quotidienne baignait dans la politique et il était important que cette dernière puisse se conformer à des normes de compassion, de justice et d'équité. Il fallait une bonne dose de courage pour être le premier à dénoncer les injustices. Au cours des premières années où je l'ai connu, Jack était souvent la seule voix à Toronto à dénoncer des fléaux comme les dégradations environnementales, l'homophobie, la pauvreté, le sexisme, l'itinérance des sans-abris et le racisme. Combien de grands chefs politiques sont demeurés fidèles à leurs principes jusqu'à la fin de leur existence ?

Malgré tout, Jack était d'autant plus sympathique qu'il ne jouait pas les rabat-joie. Je n'ai jamais vu quelqu'un mordre autant dans la vie. Dans sa vingtaine, il était une vraie tornade d'idées et d'émotions qu'il exprimait de manière charismatique, avec un visage volontaire, une moustache recourbée, des cheveux noirs ondulés et un physique athlétique. Et il savait manier les mots. Même s'il dénonçait les injustices et blâmait ceux et celles qui en toléraient la permanence, il n'était jamais imprécatoire mais en appelait au peuple pour corriger ces abus et faire savoir que notre société pouvait améliorer la situation.

Oui, Jack aimait la vie. Parmi tout le travail que nous accomplîmes à une certaine époque pour mettre sur pied l'émission, nous tînmes d'interminables réunions de stratégie afin de favoriser l'élection d'un plus grand nombre de candidats progressistes dans le gouvernement municipal. Nos endroits de réunion étaient davantage des bars que des sous-sols d'église et, invariablement, on entendait dans la nuit les rires homériques de Jack, qui avait un sens aigu de l'autodérision.

Jack savait combiner les principes et le plaisir. Par exemple, il aimait le golf mais ne prisait guère l'usage excessif de produits chimiques que les clubs emploient pour fertiliser leur gazon. Que pouvait donc faire un golfeur écolo? Comptez sur Jack pour secouer le pommier! Un beau jour d'été, alors que Jack, un ami (le conseiller municipal torontois Joe Mihevc), mon fils Matti et moi jouions sur un terrain de golf municipal de la ville, après neuf trous, au cours desquels Jack avait récolté le meilleur pointage, il annonça qu'il devait s'absenter. Puis il disparut, nous priant de poursuivre et nous assurant qu'il nous rattraperait après quelques trous. Lorsqu'il nous rejoignit, nous lui demandâmes les raisons de son absence. Il nous informa qu'il avait une entrevue à donner à une équipe de nouvelles télévisées sur la façon d'entretenir les terrains de golf de manière écoresponsable. Pour lui, les bonnes choses de la vie, comme les clubs nautiques, les confréries universitaires, les terrains de golf, ne devaient pas être rejetés. Il fallait les rendre écologiques et accessibles à tous. De plus, toute occasion pour faire passer ce message était bonne.

Jack aimait la musique, sentimentale autant que possible. Je garde un souvenir ému de lui lors d'un voyage par la route que nous fîmes ensemble en 1979 pour nous rendre à Québec afin d'assister à la conférence annuelle de la Fédération canadienne des municipalités (FCM) où nous devions effectuer des entrevues avec des personnalités du milieu pour notre cours radiodiffusé. (Des années plus tard, Jack devait d'ailleurs devenir président de la FCM.) Nous fîmes provision de cassettes pour le voyage. Jack avait choisi celles de Jimi Hendrix et moi, de Van Morrison. Dès les premières notes, Jack devint accro de l'album *Moondance* de Morrison. C'était une joie de voir ses sourcils touffus suivre le rythme de la musique et son sourire éclairer son visage. D'ailleurs, aux funérailles de Jack, on fit jouer *Into the Mystic* de Morrison – un air superbe et d'une mélancolie de circonstance.

Je fus honoré lorsqu'on me demanda de lire une formule invocatoire aux obsèques de Jack. Dans un esprit universel, la cérémonie commença par quatre citations issues des traditions autochtone, chrétienne, juive et musulmane. Alors que je m'approchai du lutrin, je ne pus m'empêcher de penser : « Jack, voici la dernière émission radiodiffusée que nous faisons ensemble… » Je me mis alors à lire les versets du prophète Isaïe, qui me rappelaient combien Jack avait fixé haut la barre pour lui-même et de quelle façon il avait réussi à dépasser son rêve :

> *Si tu exclus de chez toi le joug,*
> *le geste menaçant et les propos impies,*
> *si tu donnes ton pain à l'affamé,*
> *si tu rassasies l'opprimé,*
> *ta lumière se lèvera dans les ténèbres,*
> *tes ombres deviendront plein midi.*
> *Tu seras comme un jardin arrosé,*
> *comme une source dont les eaux sont intarissables,*
> *et tu poseras des fondations pour la génération suivante.*

Le mentorat d'un mentor
par David V. J. Bell

Jack Layton était mon ami. Il était également l'un de mes étudiants. J'eus l'honneur d'être son directeur de thèse à l'Université York où il passa son doctorat en 1983. Sa thèse en science politique avait pour titre « Le capital et l'État canadien : Politique d'investissements étrangers de 1957 à 1983 ». À ce moment, Jack avait déjà complété tous ses cours et dépassé largement la date de remise de son travail. Il l'avait entrepris dix ans plus tôt et était en retard de six ans pour sa soutenance. Durant ce temps, il avait décroché un poste de professeur à temps plein à la faculté de science politique de l'Université Ryerson et avait commencé à s'imposer en politique municipale.

Je désespérais de le voir achever son doctorat. Aussi fus-je très surpris lorsqu'il me contacta au début de 1983 pour me faire savoir qu'il avait terminé une première version de sa thèse. Un problème toutefois subsistait : au début des années 1980, tous les diplômés de troisième cycle étaient dans la mire des autorités universitaires et se voyaient imposer des délais plus courts pour la remise de leur ouvrage. À l'Université York, le nouveau doyen de troisième cycle avait adopté une politique plutôt draco-nienne exigeant des postulants au doctorat ayant dépassé la date de leur remise de thèse et voulant se réinscrire d'obtenir une lettre de permission de leur doyen. Cette permission de se réinscrire devait parvenir directement du directeur de thèse intervenant au nom de l'étudiant.

Dans les pages liminaires de la copie personnelle de son travail, Jack conservait deux lettres. La première, rédigée par son directeur de thèse, demandait que Jack Layton puisse être autorisé à se réinscrire au programme de docto-rat en science politique afin d'être dûment diplômé. La deuxième, rédigée et signée la même journée, émanait du doyen et décrivait les circonstances atténuantes ayant retardé la soutenance de thèse de M. Layton et lui accor-dait la permission de se réinscrire. Jack conservait ces deux lettres, car il aimait leur symétrie. En effet, à double titre de directeur de thèse et de doyen des études de troisième cycle, j'avais rédigé et signé les deux lettres. Il ne me restait plus qu'à m'écrire à moi-même en vantant les mérites du candidat puis de me répondre en acceptant les arguments que j'avançais en sa faveur !

Jack me décrivait souvent comme « le vieux prof », un sobriquet n'ayant rien à voir avec mon âge, puisque je n'avais que six ans de plus que lui. Nous jouions au squash ensemble lorsqu'il donnait ses cours à l'Université York. Nous faisions également de la musique à la fête annuelle des diplômés. Jack jouait de la guitare, du piano et chantait. Il aimait rire et s'amuser, il était un boute-en-train.

Il racontait à qui voulait l'entendre que j'étais l'un de ses mentors, mais je suis persuadé qu'il m'a autant appris de choses qu'il a pu en recueillir de mon enseignement – une autre confirmation du dicton latin *docendo discimus* signifiant que nous apprenons en enseignant. J'appris en effet beaucoup de choses de Jack dans un nouveau secteur d'activités professorales lorsque je fus muté de la faculté de science politique à celle des études environnementales, dont je devins le doyen en 1992.

Alors que je me familiarisais avec les théories et les idées relatives à l'environnement et au développement durable dans ma nouvelle faculté, Jack se livrait à des expériences de première main dans le monde pragmatique de l'entreprenariat environnemental. Après son échec comme candidat à la mairie de Toronto en 1991, Jack mit sur pied un cabinet de consultants sous le nom de Green Catalyst Group Inc. Il devint le véhément champion des causes environnementales et ne renonça jamais à sa passion lorsqu'il fut réélu comme conseiller métropolitain en 1994.

Au cours de sa seconde élection comme politicien local, Jack repensa son image et changea d'approche. Il disait que maintenant, au lieu de « s'opposer », il « proposait ». L'une des choses qu'il proposa au maire nouvellement élu du Toronto métropolitain, Mel Lastman, fut d'établir une *Environmental Task Force* (ETF) – ou Force opérationnelle environnementale –, une idée particulièrement astucieuse. L'amalgame forcé de plusieurs entités municipales créait un dilemme au plan des politiques et des pratiques environne- mentales. Laquelle des sept approches juridiques serait adoptée pour la nouvelle entité ? Existait-il une possibilité d'élever la barre plus haut et d'améliorer les rendements au chapitre de l'environnement ?

L'ETF rassembla une diversité de parties prenantes, incluant des politiciens municipaux et des cadres supérieurs de la fonction publique, des représentants d'autres paliers de gouvernement ainsi que des agences connexes telles que l'Administration régionale de conservation de Toronto, des organisations environnementales non gouvernementales, des représentants du secteur privé dans les milieux des affaires et syndicaux, quelques universitaires ainsi que des citoyens interpellés par cette question. Il s'agissait d'un excellent processus d'apprentissage mutuel. Nous avions un appui incroyable de notre personnel, mais c'est Jack qui assurait l'orientation et le leadership. Sa seule présence dans la pièce élevait le niveau des débats et remontait le moral des troupes. Même s'il nous invitait à considérer les questions que nous traitions dans ce qu'il appelait « une perspective de 50 ans », il nous invitait également à nous empresser de traiter de façon urgente les problèmes susceptibles d'être résolus à court terme de manière positive. Les résultats des interventions faisaient l'objet d'un rapport au début de chaque réunion et permettaient de maintenir l'engagement et l'enthousiasme du groupe.

En avril 2000, l'ETF produisit un excellent rapport intitulé *Clean, Green and Healthy : A Plan for an Environmentally Sustainable Toronto* (« Propre, vert et sain – Plan de développement durable à Toronto »). Il contenait de nombreuses recommandations utiles pour la ville en ce qui concernait les terrains, l'eau, l'air, le transport écologique, l'utilisation d'énergie renouvelable, le développement d'une économie verte, l'éducation et la sensibilisation, la gouvernance et la communication et le calcul des progrès accomplis. De plus, en travaillant avec le personnel de l'ETF, Toronto fut l'hôte d'une importante conférence sur les indicateurs de durabilité à l'origine de la formation du Canadian Sustainability Indicators Network (CSIN) ou Réseau canadien d'indicateurs de durabilité –, un merveilleux héritage pour les nombreux professionnels du développement durable dans tout le pays. Le rapport de l'ETF recommandait l'établissement d'une Table ronde sur la durabilité à Toronto, poursuivant et élargissant ses travaux au cours des quatre années suivantes. Une fois de plus, Jack fut l'architecte de son succès.

À la même époque, Jack se distinguait à la Fédération canadienne des municipalités (FCM) et en devint éventuellement le président, ce qui lui donna une tribune lui permettant de faire avancer la cause du développement durable au Canada. Il fut un des personnages-clés dans les fructueuses négociations qui eurent lieu entre le gouvernement fédéral et les grandes villes afin que celles-ci puissent bénéficier d'une partie de la taxe sur les carburants et recevoir du financement pour les infrastructures à condition qu'elles fournissent d'abord un plan d'action pour promouvoir le développement durable. En qualité de président de la FCM, Jack sillonna le Canada, ce qui le motiva à faire le saut en politique nationale.

La mort de Jack, le 22 août 2011, représenta non seulement la disparition d'un énergique chef politique, mais aussi celle du plus important défenseur du développement durable au pays. Au cours de l'émouvant éloge funèbre qu'il prononça lors des obsèques de Jack Layton, l'ancien chef du Nouveau Parti démocratique de l'Ontario, Stephen Lewis, décrivit la remarquable lettre aux Canadiens rédigée par Jack quelques heures avant son décès comme « un manifeste de la social-démocratie ». Pour mon compte, je dirais qu'il s'agit là d'une esquisse de ce que Jack Layton envisageait pour le développement durable au Canada. Il savait que la durabilité exigeait de nouvelles politiques d'inclusion fondées sur la justice sociale, une économie durable et un souci de l'environnement. Ces trois dimensions importantes de la durabilité figurent dans sa lettre ainsi que dans le message qu'il transmit de manière si éloquente lors de sa dernière conférence de presse au cours de laquelle il annonçait être atteint d'une « nouvelle forme de cancer », qui l'emporta dans les semaines qui suivirent.

Pour paraphraser George Bernard Shaw, les grands chefs ne perçoivent pas seulement le monde tel qu'il est en se posant des questions ; ils sont capables de rêver d'un monde qui n'a jamais existé et de se demander pourquoi ce monde ne serait pas possible après tout. Jack était ce type de chef, un motivateur optimiste, positif et encourageant. Il insufflait aux gens énergie et espoir. Son amitié me manque beaucoup, mais sa vision continuera à m'inspirer, tout comme elle le fera pour un nombre incalculable de personnes.

Chaque rime peut contenir un univers
par E.T. Jackson

Lorsque je pense à Jack Layton, je pense à un ciel étoilé.

Voilà un demi-siècle, un Québécois du nom de Frank Scott, un juriste valeureux, fondateur du mouvement socialiste au Canada et poète estimé, comprit que les êtres humains vivent leur vie selon des schèmes qui sont des microcosmes de l'univers et de ses lois immuables. « Chaque rime peut contenir un univers », écrivait Scott. L'équité, le rôle économique de l'État, le service communautaire et l'amour du prochain constituèrent les principes qui façon-nèrent la vie publique de Jack Layton.

Je n'ai rencontré personnellement Jack qu'à deux reprises. Je me garderai de commenter ces rencontres, mais elles furent pour moi d'une grande portée. Il était une force de la nature, vive et clairvoyante, et si vous ne vous sentiez pas influencé par son charisme, c'est que vous faisiez partie de ces personnes qui demeurent imperturbables devant les merveilles de la vie.

La première fois que j'ai rencontré Jack, ce fut à l'occasion d'un dîner officiel donné en l'honneur du premier ministre du Viêtnam au Musée des beaux-arts à Ottawa lors d'une chaude soirée de juin 2005. Paul Martin, qui était alors notre premier ministre, accompagnait l'invité d'honneur dans le long couloir menant à la rotonde vitrée. Digne et calme, Jack suivait la cohorte de dignitaires. Comme le reste d'entre nous, il prit place à une table dans la salle mais eut droit à un signe de tête de M. Martin en guise de bonjour.

Au cours des discours, je jetai un coup d'œil à Jack. Sa curiosité, son esprit, sa courtoisie, son sens de l'humour et sa joie de vivre étaient constamment en évidence. Les discours de la table d'honneur étaient certes du déjà entendu, mais le Viêtnam est un pays si complexe, fasci-nant et prometteur que l'événement déclencha des discus-sions à chaque table. Une énergie positive et bruyante se manifesta dans la vaste pièce, et Jack était au centre des discussions.

Plus tard, en quittant ces lieux, je vis Jack se diriger vers la porte et la lui tint ouverte. « Comment avez-vous aimé cela ? » me demanda-t-il. Quelque peu pris de court, je répondis une banalité en lui faisant remarquer que le Viêtnam était un important pays. « Vous avez raison », me répondit-il pour me mettre à l'aise, comme si j'avais répondu comme un expert de l'Extrême-Orient. Nous nous sommes dirigés vers le Château Laurier en ne tardant pas à parler du besoin que le Canada avait de lier des relations avec les pays d'Asie du Sud-Est, une région qu'il connaissait fort bien. Il me souhaita bonne nuit, trop tôt à mon goût. En le regardant s'en aller d'un pas encore décidé et énergique à cette heure tardive, lorsqu'il traversa la rue sous la voûte étoilée, j'eus l'impression qu'il brillait comme les étoiles.

Ma deuxième rencontre avec lui eut lieu lors d'une table ronde de spécialistes en politiques économiques, dans la section ouest des bâtiments de la Colline parlementaire, à la mi-juillet 2009. J'y avais été invité en compagnie d'une vingtaine d'autres universitaires, syndicalistes et politiciens par son attaché politique sénior, Peter Puxley, afin de présenter mes idées sur les affaires et la création d'emplois. Parmi les participants, on reconnaissait Ed Broadbent, Olivia Chow et Peggy Nash, des personnes qui avaient toutes d'intéressantes choses à dire. Jack présidait la réunion, écoutait intensément et posait des questions, montrant que non seulement il avait pensé à ces interventions, mais qu'il nous avait déjà distancés sur plusieurs points. Courtois, chaleureux, sérieux, Jack s'était déjà imposé comme un chef national.

Il avait, politiquement et intellectuellement parlant, le vent en poupe et il signalait à tous les participants à cette table ronde qu'il s'attendait à ce qu'ils donnent le meilleur d'eux-mêmes et qu'ils lui proposent leurs recommandations les plus étudiées pouvant être appliquées. Le monde s'extirpait douloureusement de la crise de la dette de 2008. Toute mise en œuvre d'une nouvelle politique économique était hasardeuse, et elle l'est toujours d'ailleurs. Nous déployâmes tous les efforts pour participer à ce remue-méninges de manière succincte et pratique tandis que Jack assurait la continuité des conversations de manière efficace et concise en ne manquant jamais de faire le lien entre les personnes et les idées.

Lorsque la réunion se termina, il remercia personnellement tous les participants et nous nous donnâmes une accolade qui fut certainement la plus chaleureusement social-démocratique de l'été, et cela ne manqua pas de nous réjouir. Avec une accolade de ce genre, on aurait pu créer une coalition entre membres du Parti libéral et ceux du NPD. C'est ce que je pensais en sortant du bâtiment et, plus tard, je m'amusai à bloguer en spéculant sur la possibilité d'une telle coalition.

Je pensais aussi au ciel rempli d'étoiles. Jack Layton avait brillé une fois de plus au firmament politique. En fait, il avait été *lumineux* du début à la fin de la rencontre. Il avait fait intervenir toutes ses qualités : l'énergie, l'esprit, la concentration, la bonne humeur, la vision et, surtout, la *sagesse*. Nous étions tous prêts à travailler avec lui pour construire un Canada meilleur. C'est lors de cet événement, dans cette pièce du bâtiment ouest, que nous comprîmes tous que Jack ferait un exceptionnel premier ministre. Des millions de Canadiens le comprirent également plus tard.

Une voute étoilée… Chaque rime porte son univers en soi.

L'enseignement d'un héros
par Svend Robinson

Noam Chomsky était un héros pour Jack, une icône. Jack m'a dit plusieurs fois combien *Dominer le monde ou sauver la planète ?*, l'un des livres de ce penseur, constituait l'ouvrage le plus profond qu'il ait jamais lu ; en effet, il l'avait trouvé puissant et inspirant aux plans politique et personnel. Voilà pourquoi j'étais particulièrement excité lorsque Noam accepta d'être le conférencier principal à Vancouver pour mes 25 années au Parlement en mars 2004. C'était la seule et unique fois que Noam acceptait de prendre la parole lors d'un événement en l'honneur d'un politicien national, et j'en fus des plus honorés. Au fil des années, nous avions travaillé ensemble pour plusieurs causes, comme celle du Timor oriental et la question palestinienne. Noam avait également accepté de parler lors d'une manifestation contre la guerre en Irak qui avait lieu cette journée-là à Vancouver.

Jack fut enchanté de cette présence et me demanda si je pouvais lui organiser une rencontre avec Noam lors de son passage à Vancouver. Jack dirigeait le NPD depuis un peu plus d'un an mais n'avait pas encore été élu à la Chambre. Noam accepta sans hésitation.

Avec Jack, mon conjoint Max et moi rencontrâmes Noam pour le petit-déjeuner à son hôtel. Jack était presque comme un enfant qui voit son idole et il m'expliqua qu'il espérait ce moment depuis des années. Il eut avec Noam une conversation des plus intéressantes pendant ce déjeuner et ils tissèrent de solides liens. Noam me confia plus tard combien Jack l'avait impressionné et comment il serait impossible à un homme tel que lui d'atteindre un poste de leadership semblable au sien (ou à moi d'être élu !) dans le contexte de la culture politique américaine où l'influence des grands conglomérats est si importante. Ils convinrent de garder le contact et eurent l'occasion de communiquer à plusieurs reprises au cours des années qui suivirent.

Plus tard au cours de cette journée ensoleillée, Jack et Noam s'adressèrent avec passion à des milliers de protestataires pacifistes dans le quartier West-End de Vancouver. Le soir, ils se joignirent à une foule qui fit salle comble au théâtre Orpheum à l'occasion de mon 25e anniversaire de vie parlementaire. Le comité exécutif de ma circonscription de Burnaby me fit cadeau de deux bâtons de parole haïdas délicatement ciselés. À la fin de la journée, Jack me donna une franche accolade. Les larmes aux yeux, il me déclara qu'il venait de vivre l'une des plus belles journées de son existence et me réitéra sa joie d'avoir pu passer quelques moments en compagnie du professeur Chomsky.

Deux ans plus tard, au début de 2006, Jack invita Noam en qualité de conférencier-vedette à la convention néo-démocrate qui devait se tenir à Québec. Il lui écrivit un courriel ainsi libellé : « Votre analyse et votre vision progressiste sont plus que jamais importantes si nous tenons compte de notre nouveau gouvernement minoritaire de droite. Merci pour votre dernier livre sur les États manqués. Malheureusement, Noam se trouva dans l'impossibilité d'assister à la convention. On se demande cependant quel autre chef politique au Canada aurait été suffisamment courageux et visionnaire pour inviter Noam Chomsky à s'adresser à la convention de son parti en sachant pertinemment la controverse que ce genre d'invitation pouvait susciter. Seul Jack pouvait se permettre ce tour de force.

Je reçus un émouvant message de condoléances de Noam Chomsky peu après le décès de Jack. Il y déplorait la perte tragique d'un grand homme et, tout comme moi, spéculait sur ce qu'aurait pu être l'avenir de notre pays et de notre monde advenant l'élection de Jack Layton au poste de premier ministre du Canada.

CHAPITRE 2

AU CŒUR DE LA VILLE

Après avoir enseigné pendant des années à ses étudiants les liens existant entre les valeurs et la politique, Jack se sentait prêt à se lancer dans l'action. Qu'y avait-il de mieux que Toronto, une grande ville où les politiciens pensaient et agissaient toujours comme s'ils se trouvaient dans quelque agglomération de peu d'importance ? Il y avait en effet beaucoup de travail à accomplir.

Jack fut élu échevin en 1982 puis, après la fusion en un Toronto métropolitain, conseiller en 1985. Avec sa vision et son audacieuse effronterie, il ne tarda pas à s'imposer au conseil municipal. Pour Jack, le travail se révélait plus compliqué que de seconder ou rejeter certaines motions et idées proposées par le conseil. La ville représentait aussi les gens qui y vivaient, les communautés qu'ils avaient formées et l'environnement dans lequel ils évoluaient.

Certaines de ses idées étaient immensément impopulaires. Son opposition au développement aléatoire du centre-ville et des terres riveraines, à la candidature de la ville aux Jeux olympiques de 1996 et au financement du SkyDome, l'amphithéâtre sportif, lui firent quelques ennemis. D'autres idées, comme la nécessité pour la ville de financer un programme d'éducation sur le sida, étaient simplement trop avancées pour le conseil à cette époque-là.

Pour Jack, tout pouvait être amélioré et tout comportait un potentiel politique. Peu importait la détermination, la condescendance ou carrément la grossièreté dont les membres de l'opposition faisaient preuve envers ses idées (parfois des conseillers de la vieille école se moquaient ouvertement de lui), avec des collègues sympathiques à sa cause il maintenait le cap. Pendant son mandat, il siégea virtuellement à tous les comités et groupes de travail défendant des causes qui lui étaient chères, comme la santé publique, le développement économique, le transport, les personnes sans domicile fixe, l'environnement, le cyclisme et l'énergie renouvelable. Ses tactiques ne changèrent jamais : il demeurait ferme sur ces questions, n'en faisait jamais des causes personnelles, charmait souvent ceux et celles qui n'étaient pas d'accord avec lui et remportait des victoires avec le sourire pour apporter à Toronto une nouvelle vision des choses.

À titre de président de la Fédération canadienne des municipalités, Jack aborda les sujets qui lui importaient avec d'autres villes du pays. Aussi occupé qu'il fût pendant cette période, il trouva tout de même le temps d'écrire un livre sur un sujet primordial pour lui, intitulé *Homelessness : The Making and Unmaking of a Crisis* (« L'itinérance – Genèse et dénouement d'une crise »). Cet ouvrage fut salué comme une étude importante.

Le citoyen du centre-ville

par Kevin Sylvester

Tout le monde parle de la moustache de Jack Layton. En ce qui me concerne, une autre particularité de Jack me vient à l'esprit lorsque j'évoque son nom : son casque de cycliste.

Jack était le parfait citoyen du centre-ville, car il n'utilisait jamais une auto s'il pouvait se rendre à Toronto à pied ou à bicyclette. Lorsqu'il siégeait au conseil municipal, il laissait de côté sa voiture. Si vous aperceviez des gens saluer un cycliste pédalant dans Kensington ou près de Christie Pits, vous pouviez voir également Jack leur adresser une marque de politesse ou faire tinter sa sonnette.

Il assista à des rassemblements et des manifestations pour la défense des cyclistes, fonda le premier comité cycliste de Toronto et fut l'un des créateurs des arceaux à vélos utilisés dans la Ville reine. Il fit une campagne remarquée à bicyclette, utilisa ce moyen de transport pour participer à la parade de la fierté gaie, et circula parfois en tandem avec sa conjointe Olivia. Il se rendait aux réunions du conseil municipal à vélo, et ce, par tous les temps.

L'un des moments les plus mémorables de mon travail au réseau anglais de Radio-Canada (CBC) fut un simple signe de tête approbateur que Jack me fit – non pour mes commentaires sportifs mais pour mes exposés sur la circulation et la météo à l'intention des cyclistes. En effet, Andy

Barrie, l'animateur de *Metro Morning* lorsque j'étais aux sports, avait été intrigué par mon insistance à me rendre au travail en vélo toute l'année. Il me demanda d'évaluer la sévérité de l'hiver, lorsque je me rendais au bureau, en me fiant au nombre de mes doigts engourdis. Un jour, Jack se présenta pour une entrevue et attendait son tour à l'extérieur du studio pendant que je finissais mon compte rendu sportif. Lorsque j'eus terminé, je lui tins la porte et Jack me dit en entrant : « J'aime bien votre chronique cycliste. Ne lâchez pas ! »

Ce souvenir me réjouit encore. Non pas parce qu'une célébrité m'avait reconnu, même si cela fait toujours plaisir, ni parce que je partageais inconditionnellement ses idées. En fait, en qualité de rédacteur du journal du St. Michael's College, à l'Université de Toronto, j'avais un jour rédigé un article polémique contre Jack qui avait contribué à faire avorter un projet de construction de copropriétés sur les terrains du collège. Il faut dire que St. Michael avait un besoin pressant de financement. Non, ce qui me réjouissait, c'est que Jack possédait une grande crédibilité, qu'il avait écouté mes propos et approuvé mon initiative.

Avec son casque de cycliste, il proposait une manière de se déplacer en ville et reflétait la façon dont nos élus vivent ainsi que les citoyens qu'ils administrent.

Si vous conduisez en ville, avec un peu de chance, vous remarquerez peut-être quatre ou cinq choses intéressantes. À bicyclette, vous en constaterez des milliers. En voiture, vous verrez des groupes de personnes. À vélo, vous apercevrez les membres d'une famille en train de discuter, de se tenir par la main, de rire.

Ne faites jamais confiance à un politicien qui prend sa voiture pour se rendre à l'épicerie...

L'amour en politique
par Joe Mihevc

Il serait impossible de parler de la vie et du travail de Jack sans parler d'Olivia. Jack et Olivia n'étaient pas que des conjoints. Ils étaient des âmes sœurs au sens le plus profond du terme. Assis entre eux lors des réunions du conseil municipal, je surprenais parfois les regards complices qu'ils s'échangeaient. Olivia était le stratège principal de Jack pour lui faire gagner la course à la chefferie du NPD. Elle était capable de lui fournir une analyse dc sa campagne, province par province, avec une foule de détails et évaluait la stratégie à adopter pour les prochaines étapes. Olivia déployait la même énergie et faisait preuve du même engagement que Jack. Au-delà des deux votes qu'ils représentaient, ils vibraient au même diapason politique et constituaient une force incroyable au conseil municipal. La politique n'exerçait pas de pression sur leurs relations personnelles comme cela arrive chez nombre de couples. Au contraire, la politique les stimulait et alimentait l'affection mutuelle qu'ils se portaient.

62

Que les Jeux commencent !
par Adam Vaughan

Au cours de nos carrières respectives, Jack et moi avons trouvé le temps de travailler, de discuter et de nous affronter dans un trop grand nombre d'élections pour les compter. Nos relations furent principalement celles que peuvent avoir un journaliste et un politicien sur la scène torontoise. Que nous ayons été alliés ou rivaux, ou encore en train de faire des libations, j'espère que nous avons toujours réussi à trouver un prétexte à pratiquer l'humour dans les situations les plus sérieuses et, plus important encore, à ne pas manquer au passage de rire de nous-mêmes.

L'un de mes souvenirs les plus chers concerne une initiative conjointe qui ne mena absolument nulle part.

Cela commença juste après que Jack eut écrit son livre sur la crise du logement et que je venais de compléter une série d'articles sur *Tent City*, un bidonville de Toronto qui avait poussé dans le secteur riverain, alors que Jack était conseiller municipal et moi, reporter pour Citytv. La ville se portait candidate pour les Jeux olympiques et Tent City se trouvait justement à l'entrée du terrain où devaient être construits le grand stade ainsi que le village des athlètes. Pendant ce temps, la campagne en faveur des logements sociaux battait son plein et Tent City symbolisait à la fois l'échec du gouvernement et la promesse de résolution d'un problème, advenant que la ville soit choisie pour être l'hôte des Jeux.

Un gros joueur de l'industrie torontoise du cinéma nous contacta, Jack et moi, pour évaluer les possibilités de tourner une sorte de docudrame sur les personnes sans domicile fixe en prenant Tent City en exemple. Le projet était sérieux : des statistiques, le drame de la crise du logement, un groupe d'activistes rebelles, une bande de sans-abris hauts en couleur victimes d'accrochages avec les forces gouvernementales, la police et la justice, le tout sur fond de grande cité. Jack et moi furent engagés comme experts et, après une ou deux réunions, nous nous vîmes déjà à Hollywood. Rien ne pouvait nous arrêter. « Projecteurs, moteurs, action ! »

Hum… Pour l'action, on repassera.

Le projet n'aboutissait guère, et ce, pour une foule de bonnes raisons, mais, un beau soir, devant une bière dans le jardin de Jack, alors que nous réalisions que notre étoile ne brillerait jamais au firmament de la cité du cinéma, une nouvelle proposition vit le jour, mais ne tarda pas à s'envoler encore plus rapidement. Nous décidâmes de laisser tomber l'aspect documentaire du projet ainsi que notre partenaire cinématographique. Toutefois, nous brûlions encore de faire quelque chose pour enrayer la crise du logement. Oui, il fallait se remuer !

Les rapports et les statistiques n'amélioraient pas le sort des sans-abris, et nous, les militants de leur cause, commencions à ressentir de la fatigue. Nous avions beau avoir publié des articles et des livres du plus grand sérieux, les gouvernements avaient eu beau instaurer des programmes et financer des campagnes, on en revenait toujours aux solutions les plus évidentes : construire davantage de logements sociaux. Pour sortir des sentiers battus, ce soir-là nous imaginâmes la possibilité de créer un film d'un genre tout à fait différent. Au diable la réalité ! Voyons grand ou allons nous coucher ! C'est à ce moment que la politique fit place aux vapeurs de la bière. Parmi rires et clameurs, nous élaborâmes un scénario complètement délirant.

La scène se passerait dans Tent City. Le décor serait toujours celui d'un bidonville de cabanes, de tentes et de roulottes abandonnées au milieu de feux de camp hivernaux sur les bords du lac Ontario. Jusque-là, tout allait bien. Le film devait mettre en scène des militants, des spécialistes et des politiciens, qui ne devaient jouer qu'un rôle secondaire. Dans ce projet, Jack insistait pour que les sans-abris qui peuplaient Tent City jouent leur propre rôle dans le film. Il ne s'agissait pas seulement de Toronto. Jack et moi préparions un scénario applicable à toutes les victimes de la crise du logement.

Dans notre film, contrairement à ce qui arriva dans la réalité, Toronto était choisie pour héberger les Jeux olympiques. De là, le scénario glissait entre la joie et la paranoïa éthylique. Les Jeux arrivaient et, avec eux, les restaurants internationaux spécialisés dans la malbouffe, les compagnies d'espadrilles, les exploitants de chaînes hôtelières. Le jet-set torontois s'apprêtait à débarquer dans

Tent City en trimballant derrière lui les médias et toute l'élite politique. Le Comité international olympique tenait à ce que tout fonctionne selon ses plans, et l'hôtel de ville également. Pour que les riches puissent s'amuser, les pauvres devaient se faire virer de leur lieu de résidence provisoire et, pour ce faire, les flics étaient mis à contribution. Le terrain allait être dégagé et vendu, mais les sans-abris avec leurs ordinateurs de récupération, leurs vieux téléviseurs et leur électricité volée en douce eurent vent de la conspiration et s'apprêtèrent à résister avec l'énergie du désespoir.

Un sage et vieux matelot, friand de rhum et de poésie – ordre logique des choses –, regardait les nouveaux radicaux, itinérants et zélés fraîchement arrivés en renfort se préparer à défendre le bidonville. Une rencontre armée semblait donc inévitable. Sceptique, le vieux sage s'apprêtait à ramasser ses hardes et à quitter les lieux lorsqu'il eut une vision épiphanique : Tent City devait s'ériger sur cette terre promise ; de nouvelles Nations Unies devaient surgir du sol pour les pauvres au cri général de « Logements pour tous ! » Je ne me souviens plus cependant si Jack n'avait pas eu l'idée de se faire nommer premier secrétaire général de ce mouvement révolutionnaire…

Pour que cette séduisante utopie puisse naître sur les rives du lac Ontario, il fallait, bien sûr, que les Jeux n'aient pas lieu. Dans l'une des versions de notre scénario, l'esprit de l'insurrection était insufflé au vieux navigateur par le spectre de la militante libertaire et féministe Emma Goldman. C'était du moins mon idée. Jack, fidèle à ses racines NPD, penchait plutôt pour le fantôme de Tommy Douglas, l'ancien premier ministre de la Saskatchewan. Je ne suis pas sûr que nous ayons pu nous entendre sur ce point.

À un moment donné, durant cette tentative de création cinématographique (j'avoue qu'aucun d'entre nous ne rédigea officiellement de scénario), une bouteille de rhum fit son apparition après la bière, alimentant notre imagination, et c'est là que Jack et moi nous emportâmes. Le rythme du récit s'accéléra. Le vieux marin vola un yacht au club nautique près de là et fit voile pour atteindre les États-Unis. Son plan était simple : les Américains possédaient suffisamment d'armes et d'anciens combattants de la guerre abandonnés à leur sort pour créer une petite armée. Il suffisait de passer tout ce monde clandestinement et ce matériel en contrebande pour grossir les rangs des rebelles. Tent City se développa, des enfants naquirent, une église se créa et un hôtel de ville vit le jour. J'insistai pour que la ville contestataire ait sa propre radio pirate. À un moment, je crois que nous nous sommes souvenus que nous nous faisions du cinéma, car lorsque le récit atteignit son paroxysme, de sombres nuages vinrent obscurcir la conclusion. Le bidonville avait atteint des proportions olympiennes et, pendant ce temps, les forces du mal convergeaient vers le lac pour expulser les sans-abris, et les choses commençaient à se gâter.

Jack envisageait cette histoire comme une nouvelle version de la conquête de l'Ouest, avec un soupçon de lutte des classes pour la bonne mesure. Les péripéties et la création de nouveaux personnages calqués sur des amis ou des adversaires étaient des plus libératrices, car Jack et moi en profitions pour exprimer quelques-unes de nos frustrations. Nous nous mîmes d'accord pour dire qu'il ne s'agissait pas seulement d'un scénario mais d'une allégorie de notre temps, une brillante satire, un drame politique au cours duquel chaque issue, chaque châtiment servait une certaine vision de la véritable justice sociale.

Ce devait être une épopée !

Le film se termina à la façon de Sam Peckinpah, dans le bruit et la fureur. Les balles sifflèrent aussi rapidement que les bouteilles de bière sortaient du frigo de Jack. Tent City et ses habitants mythiques refusèrent de se rendre ; les sans-abris tinrent bon et défièrent les forces multinationales tentant de les expulser. Les Jeux olympiques ne vinrent jamais à Toronto et Tent City devint une ville modèle sur les bords du lac, un phare pour tous ceux qui recherchaient la vérité, la justice et le mode de vie canadien.

Vous ai-je dit qu'il s'agissait d'une épopée ?

Bien sûr, le film se devait de bien se terminer, avec une fin à la Layton : l'amour triomphant de la haine, l'optimisme, du désespoir, et le monde changeant pour le mieux. Il est vrai que nous ne tournâmes jamais ce film, mais nous avions passé une soirée formidable et ce scénario était des plus enthousiasmants.

68

Musique !

par Richard Barry

De 1992 à 2003, il aurait été inhabituel pour Jack et moi de ne pas travailler de concert sur quelque projet. Pour moi, tout a commencé lorsque Jack se présenta pour la première fois aux élections fédérales dans Rosedale. Puis, en 1994, je m'engageai pour une période de cinq ans comme directeur exécutif de la Campagne du ruban blanc pour mettre fin à la violence faite aux femmes. Jack codirigeait le conseil d'administration de cette initiative et nous travaillions ensemble afin de mettre sur pied cette organisation. En 1999, je me rendis travailler à son bureau de l'hôtel de ville et fus son adjoint exécutif pendant qu'il était président de la Fédération canadienne des municipalités. Parmi tout cela, il y eut plusieurs campagnes électorales à organiser ou à diriger et, bien sûr, la course à la direction du NPD. Jack se rendit à Ottawa au cours de l'hiver 2003 tandis qu'à l'automne je m'occupais de la réélection de ma conjointe Marilyn Churley, députée au gouvernement provincial. Inutile de dire que Jack et moi avons parcouru de nombreux kilomètres ensemble à cette époque.

J'aimerais mentionner une chose qui me fascinait à propos de Jack, et c'était sa passion pour la musique. Nous la partagions et tâchions de la vivre dans toutes les activités que nous pratiquions ensemble.

Quiconque a assisté à une réception chez Jack et Olivia sait qu'au bout de quelques heures des exemplaires de

Rise Up Singing du musicien américain Pete Seeger commençaient à circuler, que quelqu'un annonçait un numéro de page indiquant telle ou telle chanson connue et que tout le monde chantait en chœur. Jack était toujours le premier à se lancer, grattant une vieille guitare à douze cordes qu'il possédait depuis des années. Comme chacun le sait, Jack adorait jouer du piano et, fréquemment, ces soirées se terminaient par sa version de « Hit the Road, Jack » (« Fiche le camp, Jack »). Il avait l'habitude de dire en blaguant que ce n'était pas la meilleure chanson à interpréter pour un politicien, mais il l'aimait.

L'une de mes anecdotes favorites en lien avec la musique se rapporte à la campagne électorale fédérale de 2004. Jack se trouvait dans l'avion, tentant d'entraîner les membres de la presse à l'accompagner dans quelque chanson, ce qu'il faisait fréquemment. Je travaillais à Ottawa dans notre « centre des opérations » lorsque mon téléphone sonna. C'était Jack, avec beaucoup de bruit et des éclats de voix en arrière-plan, qui me demandait si je me souvenais des paroles de la chanson du compositeur et folkloriste canadien Stan Rogers, *Barrett's Privateers*. Heureusement, j'avais encore en mémoire la plus grande partie d'entre elles. C'est ainsi que, son téléphone coincé entre l'oreille et l'épaule, les mains sur sa guitare, Jack donna un récital en plein ciel, répétant les couplets que je me rappelais.

En 1993, Jack et moi étions à l'étage d'un bar de la rue Church lorsque les Blue Jays battirent les Phillies et remportèrent la Série mondiale pour la deuxième fois.

Nous étions côte à côte lorsque la balle frappée par Joe Carter passa par-dessus la clôture du champ gauche pour assurer la victoire à son équipe. Quelque chose d'un peu dingue se passa alors. Voulant à tout prix marquer le coup, Jack se précipita chez lui pour récupérer son saxophone alto Selmer Super Action 80 puis partit dans les rues faire du bruit parmi les amateurs de baseball. Jack aurait été le premier à vous dire qu'il n'avait jamais vraiment appris à jouer du saxophone, mais il était capable de vous propulser quelques notes dans la stratosphère, et je crois qu'il réussit à nous donner ce soir-là une version passable de « Na Na Hey Hey (Kiss Him Goodbye) » de Paul Leka. Peu importe, il s'amusait comme un fou et nous célébrâmes une partie de la nuit dans la rue Yonge. Lorsque je rentrai finalement chez moi, Jack se tenait encore dans le porche d'une banque, soufflant dans son instrument avec cœur. Je suis fier de dire que j'ai hérité de ce saxophone alto et que j'en fais bon usage. C'est du moins mon opinion…

En 2001, Jack se présenta à la présidence de la Fédération canadienne des municipalités lors de la convention qui se tint à London, en Ontario. Désirant donner de la couleur à notre campagne, lors de la grande soirée de célébrations, guitares en bandoulière nous entrâmes dans la pièce en chantant. Je ne me souviens pas du titre des chansons mais tout le monde apprécia et, le jour suivant, Jack remporta la victoire. Bien entendu, je n'irai pas jusqu'à dire que les deux événements aient eu quelque rapport entre eux.

Il y aurait beaucoup de choses à dire à propos des musiciens locaux qui se joignirent à nous à l'occasion de collectes de fonds et d'autres événements du genre, ou encore s'improvisant amuseurs publics dans le district électoral de Toronto-Danforth il y a quelques années, à l'occasion d'une collecte pour la Fondation Stephen Lewis. Je me souviens aussi de Jack au piano lors de la réception suivant mon mariage avec Marilyn car, pour lui, la musique faisait partie de sa vie. Dans la tradition de Pete Seeger, Woody Guthrie, Billy Bragg et bien d'autres encore, il comprenait le pouvoir des chansons et, avant tout, aimait simplement la musique.

Un leader désintéressé
par Anne Golden

Je dirais que les Canadiens, peu importe leur allégeance politique, manifestaient un immense respect et une grande affection pour Jack. Nous admirions son charisme, son intelligence, son dévouement envers les causes en lesquelles il croyait, l'attachement qu'il portait à sa famille et la passion qu'il déployait afin d'améliorer la vie de tous les Canadiens. J'ai eu l'occasion de connaître Jack au fil des décennies. Nous avons notamment travaillé sur des questions d'administration municipale dans les années 1970, lorsqu'il se trouvait à l'Université Ryerson et moi, au Bureau of Municipal Research.

La qualité humaine que j'ai trouvée la plus attachante chez lui, sa générosité, se manifestait lorsque les caméras avaient cessé de tourner et que tout avantage politique ou personnel était exclu. Alors que je préparais une conférence sur le rôle des médias dans les questions municipales, ce fut Jack qui m'aida à filmer les débats qui eurent lieu pendant trois jours à l'hôtel de ville sur le règlement concernant la hauteur maximale de 55 pieds de certains édifices. Lorsque je travaillais pour l'organisation Centraide du Grand Toronto, Jack était toujours prêt à nous donner un coup de main, peu importe combien il pouvait être occupé. Il portait une attention particulière aux sans-abris et passait énormément de temps avec mon équipe d'intervention afin que nous puissions définir les problèmes en détail, ce qui nous menait à nous rendre parfois sur le terrain tard le soir.

Jack se montrait toujours très généreux de son temps lorsqu'il s'agissait d'aider la collectivité. Il est triste que nous ayons perdu ce Canadien extraordinaire. Même s'il nous avait déjà beaucoup donné, il considérait qu'il lui restait encore tant de choses à accomplir !

La détresse de la rue
par Cathy Crowe

1980. La scène se passait un samedi matin typique pour Jack, qui se rendait à bicyclette à une série d'événements communautaires. Sa première intervention ce jour-là consistait à participer à une enquête sur la santé et l'itinérance tenue dans un centre communautaire du centre-ville. Alors que je tentais de me faufiler parmi la foule, composée principalement de sans-abris et de personnes défavorisées, j'entendis un jeune conseiller municipal et président du Conseil sur la santé de Toronto, un certain Jack Layton. Sa passion pour ces sujets égalait son indignation et son désir de remédier à la situation.

Je connaissais déjà Jack, mais cette enquête, ponctuée par son vibrant appel pour une vie plus juste, m'inspira un virage dans ma carrière. Je devins une « infirmière de rue », composant avec les conséquences de l'itinérance des personnes sans domicile fixe, des maladies infectieuses comme la tuberculose, des traumatismes, de la mort, et aussi travaillant sur des propositions de solutions aux problèmes des sans-abris, comme la construction de logements.

Alors que je prodiguais des soins, Jack mit en œuvre son grand talent dans les cercles de l'administration métropolitaine torontoise pour amener la question de l'itinérance au plan politique. Nos routes se croisèrent fréquemment, trop souvent, je le déplore, dans des conditions dramatiques, mais les victoires que nous remportions sur la misère n'en étaient que plus gratifiantes.

En tant que conseiller futé, Jack n'hésitait pas à retrousser ses manches. C'est ainsi qu'il présida le très démocratique Comité consultatif sur les sans-abris à l'hôtel de ville, qu'il avait réussi à mettre sur pied en convainquant le maire

Mel Lastman, ou encore travailla avec nous dans la rue où les conditions devenaient plus précaires de jour en jour.

Je crois que Jack ne se remit jamais de la nouvelle annonçant la mort d'un groupe d'itinérants gelés dans les rues de Toronto. Il en parla pendant des années et écrivit des communications à ce sujet. Nous étions en 1996, et l'un des trois hommes qui moururent de froid au cours d'une soirée d'hiver se nommait Eugene Upper. Cette tragédie se déroula sur Spadina Avenue, à quelques pas de la maison de Jack et Olivia. Ce décès poussa Jack à intervenir énergiquement et à se démener pour libérer des fonds municipaux à l'intention des organismes travaillant dans la rue, soutenir les militants qui demandaient une autre enquête et assurer le suivi des politiques publiques afin d'inciter les trois paliers de gouvernement à s'engager et à mettre en œuvre les recommandations du jury. L'une des recommandations les plus pratiques fut la mise en place du système d'alerte au froid extrême de la ville de Toronto. Jack était persuadé – et moi aussi – que tout irait pour le mieux.

Puis, un lumineux dimanche de janvier, un an après nos premières victimes du froid, le *Toronto Sun* m'appela pour m'informer qu'un itinérant nommé Garland Sheppard avait été retrouvé mort gelé pendant la nuit et me demanda si j'avais des commentaires à formuler. Abasourdie, je restai muette mais trouvai tout de même la force d'obtenir plus de détails du journaliste. J'appris alors que, la nuit précédente, la température était descendue à -17 degrés Celsius, et que, avec l'indice de refroidissement éolien, cela donnait une température inhumaine de -30 degrés Celsius ! Ce qui était le plus inadmissible, c'est que la Ville n'avait pas mis en route son dispositif d'alerte au froid, ce qui aurait eu pour résultat d'ouvrir davantage de refuges et d'augmenter la disponibilité des agents de terrain afin de prévenir cette mort inutile.

Garland Sheppard, connu sous le sobriquet de « Newf » par ses compagnons d'infortune, avait été retrouvé « surgelé » par un copain sans abri qui composa le 9-1-1. Les secouristes l'amenèrent à l'hôpital St. Michael, où il mourut. Je fus bouleversée de chagrin, car, naïvement, je m'étais imaginée que les recommandations de l'enquête et les nouvelles opérations préconisées auraient empêché un tel drame de se répéter.

Par hasard, Jack se trouvait ce dimanche-là dans ma coopérative en train de présider une réunion. J'entrai dans la salle, l'approchai et lui apprit la choquante nouvelle en chuchotant. Il s'excusa avec solennité et se retira pour préparer son plan d'action. Quelques minutes plus tard, il tapait un communiqué de presse sur mon ordinateur dans mon appartement et l'envoyait à Olivia afin qu'elle le fasse parvenir aux médias. Ensuite, nous nous rendîmes à l'endroit où on avait retrouvé M. Sheppard. Il s'agissait du troisième étage d'un stationnement au centre-ville. Le lieu était déprimant, avec de pauvres biens abandonnés là par plusieurs dormeurs : de vieux vêtements, une pile de sacs de couchage, des effets personnels.

Jack avait convoqué la presse sur le site. Le message qu'il martela s'énonçait en ces termes : « Le corps de cet homme est à la morgue de l'hôpital St. Michael. Les causes de sa mort exigent une autopsie médicolégale qui sera pratiquée une fois sa dépouille décongelée. » La prochaine initiative de Jack fut de soumettre une fois de plus le problème à l'hôtel de ville et il embarrassa les élus municipaux en exigeant qu'on décrète sur-le-champ l'alerte au froid. Au cours des années qui suivirent, Jack insista, comme il l'avait fait dans son communiqué de presse pour l'affaire Sheppard, sur le fait que les sacs de couchage et les couvertures n'empêchaient pas les itinérants de mourir mais que les lits des refuges et les logements le pouvaient.

Malheureusement, non seulement des décès comme celui de Sheppard se poursuivirent, mais ils augmentèrent. Voilà pourquoi Jack, lors d'une allocution qu'il prononça au Toronto Homeless Memorial (lieu commémoratif des sans-abris), suggéra que ces morts avaient été causées par l'ineptie de certaines politiques gouvernementales, ce qui créa un délire médiatique d'un océan à l'autre. Je fus très surprise de cette réaction parce que, de toute évidence, cette accusation était justifiée.

Tandis que les conditions des itinérants empiraient, Jack plaça la barre plus haut et transforma chaque défi en occasion d'agir.

1. *Lorsqu'en 1997 Mel Lastman claironna lors de sa campagne à l'hôtel de ville « qu'il n'y avait pas de sans-abris*

à North York », *ces propos contrastaient avec une déclaration du Toronto Disaster Relief Committee (TDRC) selon laquelle on affirmait que l'itinérance constituait un désastre national.* Jack ne se démonta pas. Il parvint à convaincre le maire nouvellement élu de le nommer au conseil comme personne-ressource pour les questions concernant le logement social et l'itinérance.

En fait, dans son livre *Homelessness : The Making and Unmaking of a Crisis*, Jack relève qu'avant d'être élu maire de la nouvelle mégalopole Lastman lui avait confié avoir été profondément ébranlé par ce qui était arrivé, c'est-à-dire le déchaînement médiatique qui avait suivi sa déclaration selon laquelle il n'y avait pas de sans-abris. Pour corriger tout cela, Lastman devait faire de l'itinérance sa priorité, le premier problème auquel il voulait s'attaquer en tant que maire. Jack rapporta qu'il n'avait jamais été témoin d'une telle révélation dans la politique canadienne. Ce fut grâce aux interventions fort à propos de Jack que la première conférence de presse sur le sujet par Lastman fut donnée dans un refuge pour sans-abris.

Entre-temps, nous réussîmes à convaincre Jack de porter la déclaration du TDRC au niveau national en exigeant que, pour résoudre la question des logements sociaux, soit appliquée la « solution du un pour cent », c'est-à-dire qu'on consacre un pour cent supplémentaire des budgets fédéral et provinciaux à un programme national de logement. Au caucus des maires des grandes villes de la Fédération canadienne des municipalités, il réussit à faire endosser la déclaration par ces premiers magistrats. Ce fut l'une des plus belles victoires de Jack, car la question des sans-abris se trouva catapultée au premier plan des préoccupations nationales et se concrétisa dans un programme fédéral sur l'itinérance au terme duquel plus de un milliard de dollars furent distribués dans des communautés d'un bout à l'autre du pays.

2. *Pendant des années, les bureaucrates de l'hôtel de ville ont nié que nous avions un problème de refuges.* Jack ne se laissa pas impressionner. Il parvint à convaincre le directeur des centres de refuge de la ville ainsi que le médecin chargé de la santé publique de le suivre lors d'une tournée nocturne en compagnie de représentants du TDRC, le tout sous l'œil indiscret des caméras des médias, sans compter celle d'un documentariste. Les années suivantes, on créa des centaines de places disponibles et les normes de qualité des refuges furent grandement améliorées.

3. *L'hôtel de ville menaçait d'expulser des terres riveraines les squatters de Tent City.* Pas de problème pour Jack. En compagnie de porte-parole et de militants du bidonville, il parcourut de nuit les quais de Toronto pour trouver un endroit où les sans-abris pourraient être relocalisés. Il se distingua particulièrement lors de cette opération. Je crois que ce qu'il aimait le plus dans son travail était la possibilité de rester proche des gens les plus affectés par une situation sociale.

Jack était absolument solidaire lorsqu'il s'agissait de soutenir les habitants de Tent City ou les jeunes de Rooster Squat, un vieux silo à grain occupé par des jeunes. Il se réjouissait de pouvoir améliorer leur santé et leur bien-être grâce à l'aide d'urgence que nous pouvions leur fournir comme des tentes, des caravanes, des habitations préfabriquées, des toilettes portables, des générateurs et des poêles à bois. Il jouait le rôle de protecteur aux alentours des terrains squattés, gérant l'impossible, négociant avec les propriétaires fonciers, Home Depot, ainsi qu'avec les administrateurs de la ville de Toronto afin de permettre la survie de Tent City, une survie qui dura trois ans. Lorsque la brutale et sauvage expulsion survint finalement, à une heure de préavis, Jack était là pour fournir le dernier effort en obtenant une victoire historique par la mise sur pied d'un programme pilote de supplément de loyer, qui permettait aux résidents de Tent City de se reloger. Fort heureusement, certaines des actions de Jack furent immortalisées dans le documentaire de Michael Connolly, *Shelter From the Storm* (« Un abri dans la tempête »). Ces gestes furent des leçons de militantisme, de passion, de vérité et de justice sociale.

Au fil des ans, chaque fois que je croisais Jack et que je portais mon épinglette du « un pour cent », il me la réclamait en me disant avoir donné la sienne à quelqu'un d'autre. Je m'empressais de la lui passer. Je suis certain que Jack aurait apprécié l'ironie de l'argumentation de l'*Occupy Movement*, le mouvement des indignés. Ces contestataires affirment en effet représenter 99 pour cent des êtres humains alors que un pour cent de ploutocrates sont propriétaires des biens de ce monde.

Dans le dernier courriel que je reçus de lui au cours de ma plus récente campagne électorale provinciale, Jack m'encouragea à poursuivre le combat. Il m'écrivit : « Cette circonscription a été trop longtemps le fief des élites… » J'ai découvert que la justice économique et sociale est une dure lutte, mais ce que Jack m'a appris, c'est que cette lutte en vaut la peine et qu'il est possible de remporter des victoires.

La formation de Jack
par Paul J. Bedford

Pour Jack, Toronto s'avéra un excellent lieu où faire ses preuves, partager ses idées, les soumettre à l'épreuve de la rue et inviter les gens de toutes les tendances politiques à travailler de concert pour édifier une meilleure collectivité.

J'ai rencontré Jack pour la première fois en 1982 lorsque j'étais directeur de la planification de la communauté et des quartiers à la ville de Toronto et qu'il venait d'être élu conseiller municipal représentant plusieurs quartiers du centre. Je me rappelle avoir comparé son bureau à une véritable ruche d'activités politiques, avec des rangées de pupitres collés les uns sur les autres, occupés par des adjoints et des stagiaires travaillant fébrilement sur d'épineuses questions d'intérêt local comme métropolitain. Il était évident que Jack appréciait ce type d'environnement et carburait à l'énergie de ces jeunes gens partageant sa passion des changements positifs. Chaque pouce carré de mur était recouvert de cartes de tous les types. Comme j'étais un géographe urbain passionné, ce détail retint mon attention. C'est en discutant avec lui de ses idées et de ses objectifs que je compris qu'il était un conseiller hors normes qui tenait à agir de manière différente afin de façonner l'avenir de la Ville reine.

Ses passions étaient variées. Elles comprenaient les questions de logements abordables, la circulation, l'équité, l'environnement, les quartiers, les obligations publiques, le design urbain, le VIH et le sida, les banques alimentaires. Il était conscient des liens puissants qui existaient entre une bonne planification urbaine et une santé proactive dans la population. Aussi déployait-il son énergie dans ces domaines en mettant l'accent sur la santé publique. Son profond engagement dans la lutte contre le sida, ses combats pour défendre les personnes défavorisées de notre société étaient au cœur de ses préoccupations. Par-dessus tout, il tenait à faire de Toronto une ville où il fait bon vivre, une ville où tous les citoyens devraient être capables de se procurer de la nourriture, un logement décent, un emploi et avoir accès à l'éducation. Il savait également qu'une ville digne de ce nom en était une où la population vivait sainement et en toute sécurité.

En sa qualité de président du Conseil de santé de 1985 à 1991, Jack considérait la ville comme un écosystème urbain dans lequel toutes les parties formaient un tout. Cette philosophie se concrétisa par un important rapport intitulé *Healthy Toronto 2000* (qu'on pourrait traduire par « Toronto 2000 – une ville en santé »), publié en 1988. Ce rapport était en avance sur son temps, car il exprimait une vision claire de la manière dont les Torontois pourraient agir ensemble pour trouver des solutions aux problèmes courants tout en débattant de nouvelles idées pour l'avenir. Cette approche engendra une nouvelle façon de travailler pour les différents services de la ville grâce à la création d'un groupe de travail multiservices réunissant des employés proactifs partageant une même passion, celle de faire les choses différemment. Ce fut une époque créative et positive qui permit au personnel de sortir des schèmes de pensée habituels. J'eus la chance d'être choisi comme chef de ce groupe de travail qui mena à la formation du premier Healthy City Office (Bureau Ville en Santé) de Toronto et du premier *Rapport sur l'état de la ville* qui fut divulgué lors d'un lancement en haut de la tour du CN. L'initiative d'un rapport annuel fut prise afin de mesurer les progrès accomplis sur des questions cruciales d'année en année et sur des termes plus courts.

Cette idée se poursuit de nos jours dans le Toronto métropolitain grâce notamment au rapport annuel ayant pour nom *Vital Signs*, publié chaque automne par la Toronto Community Foundation. Ce rapport prend le pouls

de l'état de santé physique, social, économique, communautaire et environnemental de la ville et mesure ces
données par rapport à celles d'autres grandes agglomérations. Il constitue un excellent moyen permettant de discuter de certaines questions délicates et de rassembler des
personnes-ressources de tous les horizons. En tant que père
du mouvement Healthy City et du premier *Rapport sur
l'état de la ville*, Jack a effectué un travail de pionnier dans
les années 1980, une œuvre utile qui se perpétue.

En 1987, en réponse aux inquiétudes grandissantes sur
l'impact des polluants environnementaux sur la santé des
populations, Jack mit également sur pied un bureau de
protection de l'environnement. Il présida le premier groupe
de travail qui créa le premier plan environnemental des
villes fusionnées de Toronto.

En 1987, Jack convainquit le conseil municipal d'approuver
un budget spécial de 10 millions de dollars pour un plan
opérationnel de lutte contre le sida, incluant une campagne
de sensibilisation, un suivi des cas et le développement
d'une politique de prophylaxie. Cela mena à l'octroi de
subventions pour que les groupes communautaires puissent
développer des programmes spécifiques.

En 1991, il joua également un rôle de premier plan
dans la création du Toronto Food Policy Council, un
organisme mettant en relation divers intervenants des
secteurs de l'alimentation, de l'agriculture et de la
communauté afin d'instaurer des politiques et des projets

innovateurs faisant la promotion de pratiques alimentaires axées sur la santé de la population. Il s'agit du premier conseil du genre en Amérique du Nord.

Intéressé par les questions de santé publique des Torontois, Jack était par le fait même un adepte de la culture physique. À l'heure du lunch, il fréquentait le centre de conditionnement physique au sous-sol de l'hôtel de ville et encourageait les employés à faire de l'exercice. Il était en excellente forme physique et était heureux de le prouver.

Je me souviens également de son travail pour transformer des terrains appartenant à des compagnies ferroviaires au sud de Front Street. À l'origine, ces terrains devaient être consacrés à l'extension du district commercial et financier. Jack en fit un secteur résidentiel du centre-ville d'où les occupants pouvaient se rendre à pied au travail. Jack privilégia également l'installation du SkyDome près d'Union Station, afin que les spectateurs disposent d'un minimum de places de stationnement et puissent utiliser le métro et autres transports en commun. Ces terrains sont dorénavant mis en valeur grâce à une politique de développement répartie sur une décennie. Ils sont occupés par une nombreuse population et on y trouve un nouveau parc, une école et un centre communautaire, en plus de commerces de détail et de services. De plus, ce projet est responsable de la création d'emplois de bureaux.

Après la fusion des municipalités du Toronto métropolitain en 1998, Jack assuma de nouvelles responsabilités dans les secteurs du logement et de l'itinérance. Le maire, Mel Lastman, reconnaissait que Jack possédait une grande connaissance et une vaste expérience de ce secteur, qu'il gérait en fonction des conclusions du rapport d'un comité de travail intitulé *Taking Responsability for Homelessness* (« La prise en charge responsable de l'itinérance »). En janvier 1999, à Toronto, la population de sans-abris augmentait avec une communauté qu'on appelait « Tent City », qui s'était installée sur des terrains industriels riverains vacants. Jack défendit la cause des itinérants et contribua à trouver des solutions à la pénurie de logements qui les affectait. Ainsi, d'anciens sans-abris eurent droit à ce qui, parfois, était leur premier logement.

Ce dont je me souviens avec le plus de vivacité de Jack est l'inébranlable optimisme dont il faisait preuve. Il essayait toujours de voir la vie du bon côté et était d'avis que, lorsque les citoyens se regroupent, il leur est possible d'obtenir des résultats. Il aurait pu faire un bon maire mais était appelé à de plus hautes fonctions. Lorsqu'il quitta le conseil municipal pour se lancer en politique fédérale, plusieurs de ses collègues firent preuve de scepticisme et pensèrent qu'il prenait de grands risques. Les nombreuses personnes qui l'accompagnaient de leurs vœux de réussite n'avaient aucune idée de l'impact qu'il aurait sur la vie des Canadiens au plan national. Il surprit beaucoup de gens par sa passion, son énergie et son dévouement pour améliorer la vie de ses compatriotes au pays. À mon avis, les résultats de la dernière élection fédérale sont largement imputables à Jack.

Sa fin tragique toucha profondément tous les Canadiens qui eurent l'impression de perdre un ami cher. Je me rappelle combien je fus ébranlé lorsque j'appris la nouvelle. Je transmis personnellement mes condoléances à Olivia le matin même. Je partageai également l'étonnante expérience de faire la file avec le public sur la Colline parlementaire afin de rendre un dernier hommage à Jack. J'eus la chance de pouvoir rencontrer Olivia pendant quelques instants alors qu'elle s'adressait à la foule et fus fort ému de la ferveur populaire qui se manifesta pour honorer la mémoire de Jack au square Nathan Phillips, devant l'hôtel de ville de Toronto, alors que je me joignais aux milliers de personnes qui descendaient University Avenue pour l'accompagner vers son dernier repos.

Jack était un homme exceptionnel qui mettait en pratique ce qu'il prônait. Son souvenir ne s'estompera jamais dans l'esprit des Canadiens.

Faire son possible
par Brian O'Keefe

Mes souvenirs de Jack remontent à ses débuts au conseil municipal de Toronto, dans les années 1980. L'un de ceux qui m'ont le plus marqué se situe dans la période où il fut réélu au conseil métropolitain en 1994. Jack avait pris quelque distance avec la politique active pendant les années qui suivirent sa campagne à la mairie de Toronto en 1991. À cette époque, j'étais trésorier du Syndicat canadien de la fonction publique, local 79, et étais très occupé dans la région métropolitaine torontoise au moment du budget, afin de défendre les intérêts de nos membres. Au printemps de 1995, précisément en juin, juste avant l'élection du gouvernement provincial conservateur de Mike Harris, je m'inquiétais particulièrement des efforts évidents du gouvernement pour effectuer des coupes dans les services sociaux. Aussi, durant les travaux du budget cette année-là, je travaillai en étroite collaboration avec le caucus du NPD, incluant Jack et Olivia. Ma première réaction fut de concentrer la plus grande partie de mon énergie sur l'appui d'alliés au sein du conseil de manière à éviter les compressions budgétaires de n'importe quelle sorte. L'objectif était certes louable, mais je réalisai rapidement que ce n'était pas ainsi que les choses se déroulaient au conseil métropolitain, et ce fut une importante leçon pour moi.

Avec le recul, je crois que, n'eût été de l'habile leadership de Jack, nous aurions perdu beaucoup plus de services sociaux cette année-là. Même si je n'appréciais guère ses décisions à l'époque, je découvris son étonnante capacité à communiquer avec les conseillers d'allégeances diverses. C'était simplement fabuleux. Il évaluait d'avance avec nous ce qu'il était possible de réaliser puis se mettait au travail pour sauver les meubles avec un dévouement exemplaire.

88

Jack pouvait soutenir une discussion avec les émules de Mel Lastman dans le même esprit qu'il le faisait avec les conseillers du NPD. Il avait également le don mystérieux de pouvoir persuader les membres du personnel-cadre, comme Bob Richards, alors administrateur en chef de la région métropolitaine, des mérites de sa prise de position. Dès qu'il savait la façon dont il voulait résoudre une question, Jack poursuivait de manière infatigable son objectif, même si cela voulait dire travailler tard le soir. Nous n'obtînmes pas tout ce que nous voulions cette année-là, mais nous réussîmes à réaliser intégralement tout ce qui avait été préparé sous sa direction.

La Ligue nationale de squash
par Paul Copeland

En 1977, à l'instigation de Steve Thomas, un collecteur de fonds hors du commun du NPD, six d'entre nous, dont la plupart avaient des relations avec le parti, fondèrent un club qui s'appelait modestement la « Ligue nationale de squash ». À l'origine, nous jouions sur des terrains de style américain en utilisant toujours la façon de marquer les points en usage aux États-Unis. Pour égaliser quelque peu les parties, nous accordions un handicap sur les points à chaque joueur. Imitant ceux de la Ligue nationale de hockey, quatre de nos six joueurs se qualifiaient pour la finale.

Des années plus tard, la ligue prit de l'ampleur et, non sans grandiloquence, nous la rebaptisâmes la « Ligue de squash royale canadienne ». En choisissant ce nom, nous devancions de 25 ans la fixation obsessionnelle du premier ministre Harper sur les symboles de la royauté. La princesse Margaret était à son insu notre marraine royale et, chaque année, le trophée Princesse Margaret était remis à la personne qui remportait la partie de consolation entre les deux joueurs défaits des demi-finales.

Le moment exact où le conseiller municipal de Toronto (peut-être était-il conseiller métropolitain) avec des racines québécoises entra dans notre ligue se perd dans les brumes du passé, mais nous nous souvenons que Jack était un adversaire redoutable. Il jouait pour le Curzons SkyDome Club. Selon les statistiques de la ligue encore en ma possession, son handicap était de -4, ce qui le plaçait parmi les meilleurs joueurs. Les compétitions de natation de sa jeunesse avaient développé son torse de manière impressionnante.

Jack fut champion de notre ligue en 1991-1992 et 1992-1993. Toutefois, les statistiques ne sont pas claires à ce propos. Avec le pointage soumis au fumeux système de handicap, certains des meilleurs joueurs se retrouvèrent au bas de la liste. Le gagnant de la partie se déroulant entre les deux joueurs ayant les pires statistiques de la saison était nommé « Champion par consolation ». Et les archives montrent que Jack fut gagnant d'un « prix de consolation » en 1992-1993 !

Les débuts d'un candidat de terrain

par Michael Goldrick

Alors que j'étais candidat à titre de conseiller municipal de l'ouest de Toronto en 1972, j'eus la chance de recruter un grand nombre d'étudiants et de jeunes militants pour effectuer le travail ingrat que constituent le démarchage, la pose d'affiches et la corvée des appels téléphoniques. Bien que remplis d'énergie et d'enthousiasme, ces jeunes gens avaient peu d'expérience dans les stratégies et l'organisation de campagnes politiques. Toutefois, je me souviens d'un jeune homme dynamique frais émoulu de la collectivité qui organisait le Front d'action politique (FRAP), un organisme de défense des citoyens, à Montréal. Il se présenta au bureau de campagne et s'offrit pour organiser ce genre de sollicitation. Je dois avouer que, sur le coup, je me montrai sceptique sur les résultats potentiels que ce démarcheur au chapeau à larges bords et à la veste de cuir recevrait dans la circonscription électorale numéro 3, composée principalement de personnes de groupes ethniques. Cependant, après seulement quelques heures – et non pas quelques jours –, il devint évident que nous avions affaire à un connaisseur, à un battant sachant animer une équipe, assurer sa cohésion et appréhender les problèmes locaux et les stratégies en collaboration avec d'autres fortes personnalités. On peut dire que Jack fut un cadeau du ciel au plan électoral, car il laissait déjà présager comment il se distinguerait dans sa future carrière.

Le porte-à-porte, non sans panache
par Peter Tabuns

J'avais fait du porte-à-porte pendant des années, mais jusqu'en octobre 1990 je n'avais jamais prospecté les immeubles à appartements, et surtout pas avec Jack.

Il se pointait avec son vélo, qu'il attachait à une clôture devant l'immeuble, et commençait par le dernier étage. À ma plus grande surprise, il frappait à quatre portes à la fois et descendait le couloir en essayant de capter l'attention d'autant de personnes que possible. Dans ce genre de bâtiment, beaucoup de gens se gardent de répondre, mais le pourcentage de Jack était juste : il parvenait à susciter l'intérêt d'une personne sur quatre.

Il était particulièrement satisfait lorsqu'il pouvait parler à quatre foyers en même temps et organiser une réunion impromptue dans le couloir. Puis il me présentait comme l'un des environnementalistes de pointe de Toronto – un qualificatif très surfait –, demandait aux gens de voter pour moi et me laissait répondre à leurs questions ; il poursuivait ensuite sa prospection, essayant d'arracher les électeurs éventuels à leur poste de télé pour se joindre à nous.

Lorsque Jack se présenta à la mairie de Toronto en 1991, l'élection se polarisa : soit les gens l'adoraient, soit ils le vouaient aux gémonies. Au cours de cette campagne, nous partagions le même bureau, car je me présentais au conseil municipal. Tout le long d'une campagne qui se révéla ardue, le sens de l'humour dont Jack fit preuve l'accompagna jour après jour.

Un beau matin, il arriva au bureau après avoir fait de la sollicitation à une bouche de métro de l'est de la ville. Il arriva en grande forme et encore amusé par une insulte originale qu'on lui avait lancée. Il distribuait des tracts lorsqu'un homme lui demanda s'il était bien Jack Layton. Il est possible que le macaron que portait Jack ait dévoilé son identité. Lorsque Jack acquiesça, le citoyen lui déclara qu'il était un candidat minable. Il ajouta : « Je ne pisserais même pas sur votre tête si elle était en flammes ! » Jack s'amusa beaucoup de cette insulte qu'il trouva divertissante et il la commenta avec force détails dans tout le bureau en riant de bon cœur.

Monstre d'Halloween
Sarah Layton

Mon mari adore l'Halloween. Nous décorons l'extérieur de notre maison et essayons de faire peur aux enfants du voisinage. Étrange tradition, direz-vous, mais nous nous amusons bien.

J'ai grandi au centre-ville de Toronto, ma famille a toujours aimé l'Halloween et mon père prenait plaisir à être le centre d'intérêt de ce soir de fête particulier. Il portait sa longue tunique de sorcière et ressortait son masque de monstre poilu que chaque enfant de mon ancien quartier trouvait des plus effrayants. Il adoptait une démarche inquiétante, prenait une voix sinistre en invitant les demandeurs de bonbons à s'approcher alors qu'une radiocassette diffusait à plein volume des cris affreux dans un haut-parleur dissimulé dans la porte d'entrée de notre demeure.

Les petites princesses, les fantômes et les robots avançaient timidement, quittes à battre en retraite vers leurs parents qui les attendaient, souvent en riant, sur le trottoir. Avec les années, les enfants s'enhardissaient et s'approchaient un peu plus de la maison que l'année précédente. Cela signifiait qu'ils vieillissaient et devenaient plus braves, et cela se savait par la suite dans tout le quartier.

À l'occasion, papa enlevait son masque pour tranquilliser quelque bambin épouvanté, tandis que ma mère se faisait un devoir de donner quelques friandises à chaque enfant qui passait, même s'il n'osait s'approcher de la maison à cause de notre « monstre ».

Mon frère et moi rencontrions souvent d'anciens copains du voisinage, qui se souviennent du numéro de mon père et du plaisir qu'ils avaient à le braver en s'en approchant.

Au cours des dernières années, papa et Olivia se joignaient à mon mari et à moi dans notre petite maison, « hantée » pour l'Halloween, avec les déguisements de rigueur, bien sûr ! C'était une tradition. Pas tellement pour les bonbons, mais pour les souvenirs mémorables de notre enfance et l'évocation des petits monstres suffisamment téméraires pour sonner à la porte.

Dans le bureau de Jack
par Peter Ehrlich

Je me rappelle mes débuts au bureau de Jack, à l'hôtel de ville. Bien que le connaissant depuis 1999 pour avoir travaillé à la Campagne du ruban blanc, je ne le connaissais pas en tant que politicien.

J'ai souvent fait office de secrétaire pour son ordre du jour. Du lundi au samedi, il était souvent occupé de 7 heures à 23 heures. Son éthique du travail était incroyable. Au cours des années que j'ai passées à son service, je ne l'ai vu se reposer qu'une seule fois ! Ce jour-là, lorsque je suis entré dans son bureau et que je l'ai vu, la tête rejetée en arrière, les yeux fermés et les pieds sur le bureau, face au soleil, j'ai été si stupéfait que j'ai reculé lentement, littéralement décontenancé.

Travaillant à l'hôtel de ville dans le même bureau que Jack, j'assistais souvent à des rencontres privées, parfois avec ses opposants politiques les plus acharnés. Une fois les entretiens terminés, je n'ai jamais entendu Jack dire quelque chose de négatif sur ceux qui avaient pris part à la réunion. Jamais. Au cours de toutes ces années, je ne l'ai aucunement entendu rabaisser qui que ce soit. Bien sûr, toute injustice le révoltait, mais il ne traduisait pas son mécontentement par des attaques sur le plan personnel et ne qualifiait jamais ses adversaires de termes imprécatoires. Il était non seulement compréhensif, mais très « peace and love ».

Un jour que nous étions sur le parvis de l'hôtel de ville, un sans-abri nous aborda et déclara : « Jack, je voudrais vous remercier pour tout ce que vous avez fait pour moi… » Cet itinérant n'avait rien à gagner en flattant quelqu'un qui avait contribué à soulager sa misère. Il était trop pauvre et trop démuni pour cela. C'est alors que j'ai compris combien Jack pouvait être l'homme de la situation.

Sus aux combines municipales
par Franz Hartmann

« N'abandonnons pas. Nous pouvons encore gagner sur ce point ! »

Onze ans après que Jack eut prononcé d'un ton passionné ces mots devant un groupe de militants en juillet 2000, ils résonnent encore dans ma tête. Certaines de ces personnes venaient de Kirkland Lake, une petite ville du nord-est de l'Ontario, d'autres de Toronto, dont les leaders de la communauté écologiste de la ville. Nous étions dans une salle de réunion de l'hôtel de ville de Toronto, après que le conseil municipal eut donné le feu vert aux fonctionnaires pour qu'ils négocient un contrat avec Rail Cycle North afin que soient enfouies les ordures de Toronto dans une mine à ciel ouvert remplie d'eau près de Kirkland Lake. Nous étions découragés, car nous avions devant nous une puissante coalition d'intérêts politiques (le maire de Toronto, Mel Lastman, et le premier ministre de la province,

Mike Harris) et commerciaux (une cohorte de puissants investisseurs en lien avec Mike Harris et la plus grande société d'enfouissement du monde), en plus des médias torontois qui approuvaient ce projet consistant à déverser les déchets de Toronto dans ce qu'on appelait la mine Adams.

Contre toute attente, Jack nous exhorta à ne pas abandonner. Il nous souligna que la partie n'était pas encore gagnée et que le contrat final devait être soumis de nouveau au conseil pour approbation. Il ajouta que nous pouvions encore gagner parce que tout ce projet était catastrophique et que les citoyens de l'Ontario hausseraient le ton lorsqu'ils apprendraient les enjeux néfastes de cette combine. La confiance de Jack était contagieuse et typique de cet homme que je connaissais depuis presque une décennie et avec qui je travaillais depuis plus de deux ans à titre de conseiller en environnement à l'hôtel de ville.

La confiance de Jack ragaillardit les troupes. Je trouvais ses propos encourageants mais, dans mon for intérieur, j'avais des réserves. J'étais depuis suffisamment longtemps en politique pour savoir que nous faisions pratiquement face à une muraille étant donné les personnes importantes qui s'étaient assuré tous les appuis dont elles avaient besoin.

Mes doutes – et ceux que les autres pouvaient également entretenir – ne faisaient pas le poids lorsqu'on les confrontait à la confiance et à l'enthousiasme qui animaient Jack. Comme à son habitude, il organisa un remue-méninges pour déterminer ce que nous pourrions faire d'ici à la réunion du conseil municipal à l'automne. Nous suggérâmes de mettre en place des manifestations près de la mine Adams afin d'attirer l'attention des médias et du public sur les risques environnementaux advenant le déversement des ordures de Toronto à Kirkland Lake. Nous évoquâmes la possibilité de faire savoir aux Torontois qu'en enfouissant les ordures à Kirkland Lake cela rendait plus difficile la diversification des sites à la disposition de la municipalité, ce que souhaitaient une majorité de citoyens de la Ville reine. À la fin de la réunion, nous avions une liste d'actions à accomplir et étions une fois de plus fermement résolus à nous battre contre la proposition désastreuse de la partie adverse.

Jack savait pertinemment que nous nous trouvions au beau milieu d'une bataille semblable à celle entre David et Goliath, mais il savait aussi qu'un abandon de notre part nous précipiterait vers une défaite certaine. L'optimisme constant dont il faisait preuve et sa capacité de travail apparemment sans fin, surtout avec une équipe qui lui était dévouée corps et âme, faisaient de Jack l'un des fonctionnaires les plus efficaces du Canada. Il consacrait sa vie à faire de sa ville, de son pays et de la planète un endroit plus sain et égalitaire et, chaque jour, il prenait plaisir à poursuivre cette lutte.

Jack ne remporta pas toujours la victoire, comme le prouve son décès, mais, cette fois-ci, il parvint à faire obstacle à la mauvaise idée d'entasser les ordures de Toronto dans la mine Adams. Deux mois et demi après la triste réunion de l'hôtel de ville, nous nous rencontrâmes une fois de plus, pour célébrer alors la défaite de la funeste proposition. Une combinaison de militantisme de terrain pour nous et de cupidité enragée pour la partie adverse avaient eu raison de Goliath.

Sur le terrain, un groupe de militants torontois et nord-ontariens travaillèrent d'arrache-pied pour rendre public l'histoire de la mine Adams. Ils y réussirent si bien qu'avant que le contrat négocié se retrouve devant le conseil municipal à l'automne 2000 les médias nationaux et la plupart des Torontois étaient mis au courant. Soumis au regard inquisiteur du public et de la presse, les conseillers qui soutenaient la proposition se virent obligés de rayer une clause du contrat qui, eût-elle été appliquée, aurait coûté des centaines de millions de dollars supplémentaires aux citoyens de la ville. Quelques jours après que le conseil eut enlevé la fameuse clause, Rail Cycle North, et tout spécialement Waste Management Inc., l'associé le plus riche du consortium, battirent en retraite. Rail Cycle North expliqua que cette clause était impérative pour assurer des profits et que, sans elle, il n'y avait pas moyen de transiger. Grâce au retrait des avides soumissionnaires, les Torontois évitèrent une débâcle financière et une catastrophe écologique. Le conseil adopta à la place des politiques énergiques de dispersion des déchets qui ont aidé Toronto à réduire dramatiquement ce qu'elle envoie maintenant dans les sites d'enfouissement.

Tout ce que je peux dire, c'est que rien de tel ne serait arrivé sans les exceptionnelles méthodes de travail de Jack ni son infatigable enthousiasme. Les Torontois et les Canadiens en général lui doivent beaucoup pour cette victoire comme pour bien d'autres. Toutefois, Jack ne fut jamais une personne qui recherchait les honneurs ni qui s'assoyait sur ses lauriers. Avec constance, il se mettait plutôt en quête d'une autre occasion de faire de ce monde un meilleur endroit où vivre en nous disant tout simplement : « N'abandonnons pas. Nous pouvons encore gagner sur ce point ! »

Chers adversaires !
par Bill Freeman

Quelque part dans les années 1990, je me trouvais avec un groupe de résidants d'une des îles de Toronto réunis à la mairie pour écouter les membres du conseil municipal s'entretenir de questions nous touchant directement. Je ne me souviens plus du sujet exactement mais une chose était certaine : nous n'avions aucune chance de faire approuver nos revendications sans Jack Layton, un conseiller qui défendait notre cause. Comme on pouvait le prévoir, le débat traîna en longueur et ne sortit de sa torpeur que lorsque quelqu'un fit des allusions à peine voilées aux « squatters de l'île ». Jack y alla de courageux efforts pour nous défendre, mais la motion fut rejetée.

100

Une fois la séance ajournée, notre groupe d'insulaires se retrouva autour de Jack et se plaignit amèrement des insultes gratuites de l'opposition et de la manière dont elle avait traité la question. Jack s'excusa soudainement et s'en alla parler aux conseillers de droite, ceux-là même qui avaient rejeté notre proposition. Je fus littéralement abasourdi. Comment Jack Layton, la personne qui nous avait défendus et encouragés, pouvait-il encore converser avec ces Néandertaliens ? Je les regardais discuter avec Jack, qui souriait et semblait aussi heureux que s'il avait échangé des propos avec ses fidèles partisans. Un peu plus tard, lorsque Jack vint nous retrouver, je ne pus m'empêcher de lui faire part de mon mécontentement. « Jack, comment pouvez-vous encore parler à ces individus après ce qu'ils nous ont fait ? » lui demandai-je.

« Ici, si nous voulons obtenir des résultats, il nous faut travailler avec tout le monde, me répondit-il. J'aurai besoin de leurs voix la prochaine fois… »

Au cours de cet entretien, j'appris quelque chose sur la manière dont Jack faisait de la politique. Il m'avait gentiment fait remarquer que, pour être efficace, il fallait travailler avec les autres, peu importe nos divergences d'opinions ; il fallait faire intervenir notre talent et notre charme pour faire avancer les choses. C'est ainsi que Jack agissait en politique et même dans sa vie quotidienne. C'était là l'une des raisons de sa réussite.

Oui, Jack était un homme de grands talents et d'un charme débordant. En campagne électorale, son sourire illuminait la pièce et il se montrait chaleureux avec tout le monde. Le seul fait de participer à un événement qu'il avait organisé nous remplissait de joie. Il avait le don mystérieux de faire sentir aux gens qu'ils étaient les bienvenus, qu'ils étaient nécessaires et importants. Sa convivialité et son charisme faisaient autant partie de lui que sa capacité d'analyser et de traiter de questions aussi épineuses que l'itinérance, les logements à loyer modique et l'écologie des Grands lacs.

En matière de politique municipale, Jack faisait preuve d'efficacité, car les gens l'aimaient, même les conseillers de droite avec lesquels il travaillait au conseil métropolitain. Il avait réussi à mériter leur respect et à retenir leur attention, et ils écoutaient ce qu'il avait à dire. Puisque Jack connaissait ses dossiers, ils apprirent à lui faire confiance et à tenir compte de son jugement. Tout le monde savait que Jack Layton était l'un des leaders de la gauche au conseil municipal, mais il y eut cependant plusieurs occasions où Jack rassembla le nombre de votes nécessaires pour que certaines motions qu'il soutenait soient adoptées par le conseil.

La partisanerie domine la politique fédérale. À Ottawa, la Colline parlementaire est un monde intensément partisan où la plupart des politiciens ne fréquentent que les gens de leur propre parti. Ceux de l'opposition sont des ennemis ; on les méprise, on les ridiculise et ils sont la cible d'appellations peu flatteuses à la Chambre des communes.

Jack a toujours refusé de jouer à ce petit jeu. Il répétait : « Je travaillerai avec n'importe quel parti et n'importe quelle personne pour défendre les intérêts des Canadiens. » Dans son optique, il avait été élu pour servir le peuple de son pays. Certes, il était le chef du Nouveau Parti démocratique et défendait les principes et politiques de sa formation, mais il était prêt à travailler avec n'importe qui pour aider les gens. Cette approche eut des répercussions à Ottawa et, après son décès, on fit souvent remarquer que Jack avait réussi à élever d'un cran les débats et à aider les autres députés à laisser de côté la politicaillerie qu'on retrouvait fréquemment à la Chambre des communes ces dernières années.

Nous savons où Jack avait mis au point sa technique. C'est en effet à l'hôtel de ville de Toronto et au conseil du Toronto métropolitain qu'il avait compris que la politique est l'art de travailler avec des personnes dissemblables et d'essayer de les convaincre des vertus d'une proposition sans égard à leurs couleurs politiques. Il disait d'ailleurs : « Si vous tenez à faire avancer votre dossier, il faut travailler avec tout le monde. »

Une journée dans la vie de Jack Layton
par Richard Zajchowski

La prochaine fois où, comme trop de gens, vous aurez la tentation de dire que les politiciens sont tous pareils, je voudrais que vous pensiez à Jack Layton.

Nous sommes le jeudi 22 juin 2000, à Toronto, et je séjourne chez Jack et Olivia. J'ai pris ma douche avant tout le monde, car Jack m'a informé que la plus grande partie des occupants de la maison se lèvent un peu plus tard. Après s'être lavé, mais sans avoir pris le temps de manger, Jack s'apprête à sortir. Je lui demande si je peux l'accompagner pour le suivre dans sa journée dc travail. Comme il le fait souvent, il acquiesce. Sa journée vient tout juste de commencer.

Alors que nous marchons dans le matin radieux, Jack appelle sur son portable un dénommé Chris. Une conversation amicale. Jack sera incapable de jouer au golf mais viendra à la réception. Il se demande si sa sœur Nancy pourrait le remplacer. Il appelle donc Nancy et laisse un message sur son répondeur ; j'en profite pour y laisser également quelques mots afin de lui faire savoir que Zack et Jack, les vieux copains, se sont retrouvés !

Jack s'arrête ensuite chez un serrurier pour faire tailler dix clés de sa maison, qui deviendra prochainement le foyer intérimaire d'une cohorte de parents, d'étudiants et d'autres personnes, parfois accompagnés de leurs proches.

Au fait, je précise que le Chris que Jack a appelé n'est nul autre que Chris Rudge, le directeur général de Quebecor. L'homme d'affaires lui apprend qu'ils viennent d'engager Brian Mulroney. Comme le dit Jack, il est toujours agréable d'être en bons termes avec le patron de Brian ! La partie de golf dont il était question dans la discussion avait lieu à l'occasion de la Campagne du ruban blanc, afin d'amasser des fonds, avec la participation des anciens joueurs des Maple Leaf ainsi que des gens d'affaires canadiens de haut niveau. Cela se passait dans un club de golf huppé près de London, où les droits d'admission se chiffrent dans les milliers de dollars. On raconte que la reine Élisabeth y réside lorsqu'elle est en visite en Ontario.

Je rappelle à Jack que ce ne serait peut-être pas une mauvaise idée que de manger quelque chose. Nous nous procurons donc du café et des scones en nous dirigeant vers l'hôtel de ville.

Nous y arrivons finalement et pénétrons dans le bureau de Jack. Mark répond au téléphone. Franz et Richard préparent l'ordre du jour et la liste des rendez-vous en plus de répondre eux aussi au téléphone. Monica arrive et demande l'autorisation de travailler sur un projet. Jack me présente au personnel, puis nous filons à une réunion du comité des finances car, vu la canicule qui sévit, il s'inquiète de trouver aux sans-abris une place pour se rafraîchir. Franz et Richard bourdonnent autour de Jack pour lui transmettre messages et notes de service. Nous voilà dans la salle de réunion, mais comme la question de l'alerte à la canicule se trouve en bas de la liste des choses à prendre en considération, nous retournons au bureau. Jack fait des appels téléphoniques tandis que Richard et Franz entrent et sortent du bureau pour régler des affaires.

Pendant qu'il prend connaissance de son courrier, Jack découvre qu'il a remporté un prix d'une association d'ingénieurs spécialisés en énergie. « Une bonne chose pour notre site Web ! » commente-t-il. Cherchant à me rendre utile, je remarque sur le réseau de télé en circuit fermé que l'alerte à la canicule est le prochain point à l'ordre du jour. Hop ! Il faut retourner à la salle de réunion, où quelques membres d'une délégation d'itinérants forment des groupes chargés de prendre soin des sans-abris et autres citoyens oubliés qui souffrent – et qui peuvent même mourir – lorsque le facteur d'humidité s'élève un peu trop. Jack assure à la délégation qu'il fera le nécessaire pour traiter du sujet en haut lieu. Les villes de Chicago et Philadelphie ont créé des programmes similaires après que certains de leurs citoyens furent décédés des suites de vagues de chaleur. Je suis surpris de constater que quelques conseillers puissent encore se montrer sceptiques quant à l'utilité de telles mesures de la part des pouvoirs publics. Je peux comprendre que certains d'entre eux s'inquiètent des gens qui campent dans les parcs destinés au grand public, mais tenter de discréditer une initiative d'alerte à la canicule semble faire preuve d'un effrayant cynisme et d'un manque d'humanité. Malgré cela, la proposition est adoptée à cinq voix contre trois. Je trouve cependant inquiétant que trois personnes aient pu voter contre la motion.

À l'extérieur, dans le couloir, Jack récapitule et met au point des stratégies avec les représentants de la délégation de sans-abris. Viennent ensuite des entrevues radiophoniques et télévisuelles concernant les itinérants. Puis un jeune reporter plutôt effacé interroge Jack sur la politique des tarifs d'électricité. Il semblerait que Jack avec certains responsables de la compagnie d'électricité Toronto Hydro aient réussi à déjouer les plans du gouvernement Harris qui tentait de privatiser l'entreprise hydroélectrique au plus grand avantage de ses petits copains politiques. Jack réclame un exemplaire du document pour l'afficher également sur sa page Web. Nous retournons dans le bureau de Jack pour un entretien sur les aspects moraux et économiques de l'itinérance et de la cupidité. Encore des appels téléphoniques et des instructions de dernière minute, puis un changement à l'horaire occasionné par la conférence de presse sur l'affaire Gillian Hadley, une femme assassinée par son ex-mari, qui s'est par la suite enlevé la vie. Jack participe à cette rencontre médiatique à titre de militant de la Campagne du ruban blanc contre la violence conjugale. On ne sait comment, mais il doit trouver le temps de penser à l'allocution qu'il va y prononcer. C'est alors qu'on lui demande de répondre à d'autres appels téléphoniques.

Nous retrouvons Jack aux abords de la salle du conseil, où il accorde une entrevue à Citytv sur cette histoire familiale sordide. Une dame, que Jack a rencontrée par hasard dans un avion, l'interpelle. Elle tente, je crois, de le convaincre de financer un camp pour venir en aide aux personnes atteintes de cancer. En retournant à son bureau pour assister à une réunion, il passe près d'une réception faisant la promotion du vélo en ville. Je pense qu'entre-temps Jack a évalué le travail d'au moins deux personnes et tiré des plans pour de futurs projets.

Je dis à Franz que je tente de forcer Jack à absorber quelque chose. Il est déjà midi vingt et mon ami n'a rien mangé depuis le scone de ce matin. Franz fait remarquer qu'il est possible de grignoter des viennoiseries à la réception, des aliments pas très équilibrés qui ne seraient probablement pas au goût de Jack…

Puis vient une réunion avec un avocat, je crois, nommé Jeff, un homme en élégant complet-veston. Jack est plus décontracté, en chemise ouverte et en jeans. Il y a plein d'hommes en costume trois pièces dans la salle, mais cela ne dérange pas Jack qui n'est guère impressionné. Tout ce beau monde sait que notre conseiller jouit d'une influence considérable et il est amusant de les voir lui faire des courbettes. L'entretien avec Jeff est terminé. Jack, Jeff et moi nous rendons à la difficile conférence de presse à propos de ce meurtre suivi d'un suicide. Jack et un certain Gary exposent le problème de manière fort touchante. Franz et moi nous émerveillons de la facilité avec laquelle Jack réussit à motiver les gens. Et moi, que fais-je pour aider les femmes ? Je pourrais au moins appeler mon député pour qu'il effectue des changements dans les procédures criminelles, car tout le monde a droit à sa sécurité. Cette tragédie était un malheur annoncé. Le mari séparé avait effectué plusieurs agressions avant de commettre le meurtre. Les ordonnances restrictives ne suffisent pas. Jack discute des manières de faire passer toute information utile émanant de la Campagne du ruban blanc sur son site Web.

En sortant de la salle de conférence, Jack salue une femme de ménage à la voix de soprano qui fait des vocalises que mon ami aime bien. Dans la rue, des gens lui disent bonjour et lui demandent de poursuivre son œuvre ; nous rencontrons aussi Buzz Hargrove, président du Syndicat des travailleurs canadiens de l'automobile, qui passe justement par là.

Il est 14 heures et Jack s'aperçoit qu'il a faim. Jack, Franz et moi allons manger un steak au Sheraton, une bonne occasion pour un chroniqueur sympathique aux causes environnementales de se mêler à la conversation. Le journaliste est enthousiaste à l'idée que la ville de Toronto va tenir dans une heure des audiences publiques sur le traitement des déchets dans le but de récupérer le méthane et de pratiquer la cogénération énergétique. Il est ainsi possible de gagner sur trois tableaux : une diminution des opérations de transport des déchets en séparant les matières organiques, la production d'énergie grâce au méthane et la création d'emplois. En prime, on diminue l'émission de gaz à effet de serre.

Jack en profite pour parler de la mise en conformité de Toronto et de son économie puisqu'il a joué un rôle dans l'établissement de deux fonds importants, permettant à des municipalités de s'inspirer de la Ville reine où la normalisation se finance par les futures économies d'énergie. Plus de quatre pour cent des édifices commerciaux de Toronto ont été mis aux normes. Paul Martin serait favorable à une telle normalisation pour l'ensemble du pays !

Nous retournons à l'hôtel de ville pour l'audience publique, où Jack compte se démener pour faire accepter des pratiques plus écologiques pour le traitement des déchets devant le conseil au grand complet. En prenant le minuscule ascenseur, nous nous heurtons à Mel Lastman et ses comparses ; Jack ne manque pas de me présenter à ces personnes.

Lors de l'audience, Jack pose des questions, dépouille son courrier, écrit des lettres et, à l'occasion, accorde des entrevues dans les escaliers. Trop de bonshommes en costume trois pièces, trop de pouvoir, trop de fric. Cela se sent.

Je dois finalement quitter à 17 heures.

Toute une journée dans l'atmosphère d'une sale petite campagne de harcèlement, de mensonges et de menaces envers Olivia, la femme de Jack, à propos de l'émeute de sans-abris à Queens Park et des différends de Mme Chow avec la direction de la police.

Il est plus de 22 heures et Jack n'est pas encore rentré à la maison. Est-ce là le portrait d'un politicien fainéant, combinard et cynique ?

Jack se contente de vivre dans une maison en rangée de trois étages, une demeure excentrique avec une flopée d'invités et de pensionnaires occasionnels et au moins deux chats. Il gagne environ 60 000 $ par année et n'a même pas de voiture !

Note : À l'époque, Jack m'avait demandé de taper ce texte de manière à ce qu'on puisse l'afficher sur son site Web. Étant donné que j'ai traîné, cela m'est maintenant impossible…

Focaliser sur les questions importantes
par Joe Mihevc

Jack, Olivia et moi avons siégé au nouveau conseil municipal de Toronto de 1997 à 2002, jusqu'à ce que Jack devienne chef du NPD. Au conseil, Olivia se trouvait à ma droite, et Jack, à quelques sièges à ma gauche. Trois conseillers me séparaient de lui, dont Rob Ford, maintenant maire de Toronto. Devant nous se trouvait le conseiller du NPD de North York, Howard Moscoe.

Certaines qualités de Jack m'ont toujours impressionné. Ainsi il ne faisait jamais de son opposition à Rob Ford une question personnelle. Il est clair qu'ils n'avaient absolument rien en commun au plan politique. Pourtant, Jack aimait bien parler de sports avec Ford ou encore des députés conservateurs fédéraux, que tous deux connaissaient bien. Jack aimait parfois faire des blagues, mais jamais il ne dénigrait qui que ce soit. Son argumentation portait exclusivement sur la question en litige, il en restait là. Il prit part à de vives luttes, par exemple lorsqu'il s'opposa à l'envoi des déchets de la ville à la mine Adams. Jack connaissait ses adversaires ainsi que leurs arguments, mais il ne les attaqua jamais personnellement. Son approche permit de former des coalitions à l'hôtel de ville et ailleurs, ce qui permettait de toujours garder la porte ouverte pour toute autre question qu'on pouvait soulever.

Je me souviens clairement de l'extraordinaire puissance de travail de Jack. Il gardait toujours son ordinateur près de lui lorsqu'il siégeait au conseil, et, s'il ne prenait pas la parole lors de quelque réunion ou ne s'entretenait pas avec un inter-locuteur au salon des conseillers, il pianotait sur son clavier. Lorsque le conseil avait terminé ses travaux, même tard le soir, il retournait à son bureau pour poursuivre ses projets. Les questions de justice sociale l'ont toujours passionné. Je me suis rendu plusieurs fois dans la maison de Jack et Olivia pour y partager un repas, mais toujours dans un contexte qu'on pourrait qualifier d'utilitariste. Faire la fête pour le seul plaisir ne faisait pas partie de leur mode de vie. L'aspect social s'intégrait littéralement dans la trame des projets en cours, et c'est ce qui rendait ces réunions sympathiques et fort plaisantes.

Les changements politiques et sociaux constituaient pour Jack une véritable vocation. Il croyait que les êtres humains pouvaient construire un monde meilleur et il consacrait tous les moments de son existence, que ce soit dans les domaines social, sportif, artistique ou culturel, à nous insuf-fler l'idée d'un objectif politique. En y repensant bien, même ses funérailles reflétaient cette image.

Pour comprendre les sujets essentiels et les idées politiques que Jack défendait pendant ses années au conseil municipal, disons de lui qu'il est le porte-parole des opprimés. Qu'il s'agisse de questions concernant le tabagisme, les gais et les lesbiennes, dans les années 1980, ou, dans les années 1990, les questions de santé publique, le sida ou le soutien moral aux hommes engagés dans la lutte contre la violence faite aux femmes, Jack a toujours trouvé le moyen de se lancer tête première dans les débats. Parfois, surtout dans sa jeunesse, il se montrait insolent et caustique en défendant des idées. Plus tard, en tant que chef du NPD, son discours prit de la maturité et il devint plus visionnaire et plus compréhensif.

Ses travaux pour contrer l'itinérance et la pauvreté témoignent de son combat en faveur des défavorisés. Dans les années 1990, Toronto, comme la plus grande partie du Canada, ne savait pas trop quoi faire de ses sans-abris. La pauvreté augmentait dans la ville et la crise économique jetait de plus en plus de gens à la rue. Le débat public était simple : ou bien on utilisait la police pour se débarrasser de ces malheureux, ou bien on leur trouvait des refuges, on leur fournissait de l'aide et, au bout du compte, on construisait davantage de logements sociaux. À Toronto, des groupes de sans-abris s'agglutinaient tous les soirs pour dormir aux abords de l'hôtel de ville. Certains membres du conseil préconisaient une approche policière musclée pour que ces gens dégagent les lieux, mais Jack s'y opposait.

Je me souviens de la compassion qui animait Jack à cette époque grâce à l'amitié qu'il témoignait à un itinérant qui traînait ses bottes aux alentours de l'hôtel de ville. Chaque fois qu'il le rencontrait, peu importe l'occasion, Jack lui donnait l'accolade, le présentait aux gens qui l'accompagnaient et, avec son sourire légendaire, l'invitait à prendre part à la conversation. J'ai rencontré cet homme aux obsèques de Jack. Il semblait aller beaucoup mieux et m'expliqua que grâce à Jack il avait repris sa vie en main.

J'eus également la preuve que Jack était un héros de la défense des personnes défavorisées lors d'une autre rencontre dans le square Nathan Phillips alors que les dalles de ce lieu public étaient recouvertes de témoignages de sympathie griffonnés à la craie. Il s'agissait d'un Sud-Africain, d'un ancien compagnon de prison de Nelson Mandela pendant les moments les plus sombres de l'apartheid. Plus tard, cet homme s'était fixé à Toronto et avait travaillé pour Mandela et le Congrès national africain, que Jack défendait lorsque ce parti avait un bureau sur Danforth Avenue. Il me déclara en pleurant combien il aimait Jack et comment il continuerait à fréquenter ce square pour se rappeler la solidarité dont Jack avait fait preuve dans la lutte du peuple sud-africain contre l'apartheid.

Une histoire de bananes
par Derek Leebosh

Dès mon arrivée à Toronto en 1981 pour y poursuivre mes études universitaires, ma route croisa celle de Jack Layton. Je fis du porte-à-porte pour lui lors de sa première élection comme conseiller municipal en 1982 et, graduellement, nous nous fîmes des amis communs. Au fil des ans, j'entrepris une carrière de chercheur dans le domaine des sondages, et Jack et moi eûmes maintes occasions de nous côtoyer. Je me souviens particulièrement de deux rencontres.

Vers la fin des années 1990, j'organisai une collecte de fonds pour une bonne cause dont j'ai malheureusement oublié le nom. Comme c'est souvent le cas dans de tels événements, il y avait un encan silencieux où on misait sur différentes activités. L'une d'elles était un tour guidé d'une durée de deux heures des terrains du port de Toronto en tandem avec Jack Layton, suivi d'un dîner aux dimsums dans le quartier chinois. Je misai donc 35 $ à cet encan muet, m'imaginant enclencher une surenchère féroce. Personne ne releva ma mise. J'étais heureux de l'emporter mais un peu gêné de ne pas avoir pu me faire relancer. À cette époque, Jack était un conseiller municipal qui s'était présenté une fois comme maire de Toronto et deux fois comme député au Parlement. Il avait perdu chaque fois et je suppose qu'une rencontre de quelques heures avec lui ne représentait pas pour les gens une attraction aussi recherchée que cela aurait pu l'être des années plus tard.

Malgré ma mise somme toute minable, Jack joua le jeu et son bureau m'appela pour faire la tournée des docks. Je le rencontrai chez lui une belle matinée d'automne. Je n'avais jamais monté sur un tandem et fus surpris de la vitesse qu'on pouvait atteindre avec deux personnes en selle. J'ai de très bons souvenirs de ce tour de vélo sur les quais et les terrains adjacents. À chaque feu rouge, Jack, qui conduisait, se retournait pour me commenter avec enthousiasme les projets et autres développements prévus dans le quartier, dont la construction de studios cinématographiques. Il était vraiment dans son élément, en selle sur son tandem et montrant l'un de ses quartiers de prédilection. Le moment était historique. Ensuite, nous sommes allés manger des dimsums avec Olivia et les enfants, alors encore adolescents. Nous découvrîmes que nous étions de fines gueules, constatâmes que nous étions tous les deux anglo-montréalais et que, par pure coïncidence, voilà quelques années, il avait vécu dans la maison que je louais.

Huit ou neuf ans plus tard, Jack était chef du NPD durant le mandat du gouvernement minoritaire de Paul Martin. Le hasard fit que nous nous rencontrâmes un vendredi après-midi à l'aéroport Pearson. Nous devions tous les deux prendre un taxi pour nous rendre au centre-ville ; la file d'attente étant interminable, nous décidâmes de partager le même véhicule. Plusieurs personnes le reconnurent et offrirent de nous céder leur place, ce qu'il refusa. Nous attendîmes notre tour en échangeant sur les plus récents développements politiques. Pendant la première partie du trajet, il me demanda ce que je pensais des progrès accomplis par le NPD, si ce parti gagnerait des points et dans quelle mesure j'estimais que le chef de l'opposition, Stephen Harper, représentait un adversaire coriace.

Soudainement, la conversation s'enchaîna sur les victuailles qu'on pouvait trouver au marché Kensington, situé près de son domicile. Jack me parla alors d'un marchand de fruits et légumes qui, dans ce même marché, vendait douze variétés de bananes. Pendant quelques minutes, ce que ce politicien d'envergure nationale trouvait de plus intéressant dans le monde était le fait que, dans notre société, peu soucieuse de préserver sa biodiversité, il pouvait encore exister un fruitier vendant *douze* sortes de bananes, chacune avec ses spécificités et pouvant être cuisinée de manière différente. Pendant ces quelques instants, rien de ce qui avait pu arriver cette journée-là à la période de questions ou au caucus de son parti ne comptait plus, car un petit commerçant faisait sa part pour promouvoir la biodiversité et nous rappelait qu'il pouvait exister au moins douze sortes de bananes.

Lorsque j'évoque ces deux anecdotes personnelles ainsi que les autres occasions où j'ai eu le plaisir de rencontrer Jack au fil des ans, je me souviens de l'impression que cet homme me fit : il était moins un personnage public qu'une formidable personnalité. Dans sa vie quotidienne, il s'arrangeait toujours pour transformer une banalité en quelque chose d'extraordinaire.

CHAPITRE 3
LA RÈGLE DU JEU

Dans le cadre de son travail comme conseiller municipal à Toronto, Jack se trouvait engagé dans toutes sortes de projets essentiels comme les banques alimentaires, les organismes luttant contre l'itinérance ou la discrimination envers les personnes de différentes ethnies ou orientations sexuelles. Il soumettait des propositions pratiques à l'attention du conseil, mais travaillait également à l'extérieur de la structure politique officielle, toujours prêt à donner un coup de main là où on pouvait avoir besoin de lui. On pouvait le retrouver en train de gratter une guitare pour animer une collecte de fonds ou jouant les commissaires-priseurs dans quelque vente aux enchères destinée à financer des causes locales et parfois nationales. Il mettait au point des stratégies avec des groupes aussi divers que FoodShare ou des organisations de défense des travailleurs migrants. Jack ne se bornait pas à servir une cause du bout des lèvres. Il avait besoin de s'engager d'une manière concrète afin de pouvoir changer les choses, et il estimait jamais n'en faire assez.

La politique de la potentialité
par Kevin Chief

En 2010, je me présentais comme candidat du NPD à l'occasion d'une élection partielle fédérale dans Winnipeg Nord. La populaire députée Judy Wasylycia-Leis, qui occupait ce poste depuis longtemps, avait démissionné pour se porter candidate à la mairie de Winnipeg. J'étais un jeune homme me présentant pour la première fois contre un député en exercice depuis 18 ans. Jack vint plusieurs fois me prêter main-forte lors de la campagne et durant l'élection proprement dite. C'est donc au cours de ces circonstances uniques que j'ai appris à connaître notre chef de parti.

Dès le début, je fus frappé par son authenticité et la facilité avec laquelle il pouvait communiquer avec les personnes de tous les milieux. Il était facile de voir qu'il aimait vraiment leur parler et leur faire partager son enthousiasme. Il les mettait à l'aise et leur faisait comprendre que leurs histoires ne tombaient pas dans l'oreille d'un sourd. Il nous apprenait à travailler avec acharnement mais nous montrait aussi que la politique pouvait avoir ses côtés divertissants. Je suis reconnaissant à Jack pour tout ce qu'il m'a enseigné lors de nos campagnes, notamment pour m'avoir appris à communiquer avec les gens lorsque nous les rencontrions à leur domicile ainsi qu'avec les médias.

Son énergie effervescente et l'engagement qu'il manifesta alors constituèrent les plus belles leçons pour un jeune candidat tentant de faire carrière dans la vie publique. En campagne électorale, il se montrait infatigable. À peine un événement était terminé qu'il passait avec entrain à un autre, même pendant qu'il subissait des traitements pour le cancer de la prostate. Lorsque je faisais du porte-à-porte, que je me sentais découragé et prêt à abandonner, il me suffisait de penser à Jack et à sa manière de poursuivre ses efforts malgré ses problèmes de santé, autrement plus graves que mes états d'âme.

Jack comprenait que la politique pouvait être une affaire de potentialité : le potentiel que nous percevons dans un individu, dans chacun d'entre nous, dans les collectivités. Il avait compris qu'en politique il n'était pas seulement question de recueillir des votes dans l'immédiat mais d'établir des relations durables dans le temps. On put en voir la preuve lors de ses funérailles en constatant la diversité des relations qu'il s'était constituées dans tout le pays. Son impact sur la population avait été incroyable. Il y avait de la place pour tout le monde dans le Canada de Jack Layton et personne n'était laissé pour compte. Chacun y allait de sa contribution pour faire de notre pays une place où il fait bon vivre.

Lorsque je perdis cette élection partielle, en 2010, je fus énormément déçu, bien sûr, mais Jack m'a aidé à surmonter cette épreuve. Il m'a dit alors : « Kevin, tu as perdu cette élection partielle, mais n'oublie pas toutes les petites victoires que tu as remportées, les personnes que tu as connues, les relations que tu t'es faites et toutes les choses que tu as apprises… » Il m'avait rappelé en somme tous les gains politiques que j'avais pu obtenir, tous ces gens qui étaient devenus des amis, ceux que nous avions persuadés d'aller voter pour la première fois, la façon dont nous avions réussi à unir une communauté autour de causes qui nous étaient chères. Toutes ces choses étaient de réelles victoires et Jack m'a permis de ne jamais perdre de vue cette vérité.

J'aime à penser que ces « petites victoires » de Jack peuvent être considérées comme autant d'enseignements ayant contribué à la forte cohésion de notre équipe. Ce sont ces mêmes victoires parcellaires qui ont assuré la réussite de notre parti lors des élections provinciales manitobaines de 2011, lorsque je devins député de Point Douglas. Les leçons que nous avons tirées, le sentiment d'appartenance que nous avons ressenti, les relations que nous avons entretenues au cours de l'élection partielle nous ont permis de recruter 350 bénévoles pendant la campagne et d'inciter 1 100 nouveaux électeurs à voter et à prendre part à ce processus démocratique. Merci, Jack !

Une question à la fois
par Di McIntyre

Je me souviens d'une marche à laquelle je pris part avec Jack en 1988 afin de contester la tenue de l'exposition d'armes ARMX. J'étais heureuse de le retrouver dans le voisinage pour se joindre à la manifestation contre le projet d'une exposition faisant la promotion des armes de guerre sur le territoire de la ville d'Ottawa. Cette démonstration collective inspira la promulgation d'un règlement interdisant l'exposition des armes à feu. Au cours du défilé, ma fille Leia passait de mes épaules à celles de Jack pendant que nous suivions la rue Bank vers le parc Landsdowne.

Jack vivait à Toronto depuis le début des années 1970 et était très actif dans sa communauté. Vivant à Ottawa depuis 1968, j'étais moi-même militante pour l'amélioration de la collectivité et membre de La Voix des femmes canadiennes pour la paix. Pendant que nous défilions, nous échangions des idées sur le monde actuel, la pauvreté, l'itinérance, la discrimination, la cupidité des multinationales, l'idée erronée que l'utilisation d'armements puisse résoudre les problèmes des peuples, l'incidence des guerres sur l'environnement, l'utilisation inappropriée des ressources naturelles, etc. Jack se retourna alors et me demanda pourquoi je n'étais pas membre du NPD. Il ajouta : « Tu prendras ta carte du NPD un de ces jours. Nos meilleurs militants se joignent à notre parti lorsqu'ils désirent résoudre une question donnée. Une à la fois… »

Une visite chez les Premières Nations

par Shawn A-in-chut Atleo

Évoquer Jack me rappelle de nombreux échanges et pourparlers que j'eus avec lui, mais je me souviens plus particulièrement d'une simple visite qui me fit chaud au cœur.

Je réside à Ahousaht, un petit village sur la côte Ouest de l'île de Vancouver, faisant partie du détroit de Clayoquot. Nous sommes des Nuu-chah-nulth et nous suivons toujours nos traditions ancestrales, culturelles et spirituelles. Comme tous les membres des Premières Nations nous avons été affectés, voire traumatisés, par des manœuvres d'expropriation, des déplacements ainsi que des politiques qui ont causé le plus grand tort à notre peuple.

En 2005, notre village a été lourdement touché par des tentatives de suicide ainsi que deux décès. Alors que nous nous démenions pour composer avec ces situations, la communauté et les dirigeants héréditaires de notre peuple décidèrent de demander de l'aide à nos voisins, à la Colombie-Britannique et à l'ensemble du Canada. De nombreuses personnes remarquables répondirent à notre appel. Jack et Olivia furent parmi les premiers à se mobiliser.

Il avait suffi d'un simple courriel pour que Jack et Olivia débarquent à Tofino un matin brumeux de la fin d'août après être montés à bord de l'*Ahousaht Pride*, le bateau qui dessert notre village. Mon épouse Nancy et moi les accueillîmes sans programme précis. En nous promenant sur les quais, nous avons rencontré ma grand-mère Flossy (Florence Atleo), qui vit non loin de là. Elle était en train de faire des conserves de saumon, ce qui intéressa Jack au plus haut point.

Mamie Atleo le fit entrer par la porte arrière dans la cuisine de sa petite maison et, sans interrompre son travail,

expliqua comment elle procédait. Jack écoutait attentivement. Elle plaçait soigneusement de côté les peaux et les
arêtes des poissons – que la plupart des gens jettent – pour
en faire de la soupe pour toute la famille.

Elle avait également fait griller des œufs de saumon avec
du sel et du poivre pour en manger tout en travaillant. Elle
nous en offrit avec un sourire timide. Dans notre village,
nous appelons cette friandise « niiktin », et les personnes
peu habituées trouvent son goût un peu trop prononcé.
Cela n'empêcha pas Jack d'apprécier ce produit et de le
savourer en souriant à son hôtesse.

Nous avons poursuivi notre marche dans le village vers le
bureau du conseil de bande. Jack se sentait très à l'aise en
croisant les villageois. Nous arrivâmes à temps pour la
réunion du conseil et avons mangé des sandwichs au
saumon et de la soupe de têtes de poissons. Jack et Olivia
écoutèrent les présentations des orateurs et échangèrent
des informations relativement à Ahousaht. Conscient des
défis auxquels la communauté doit faire face mais aussi des
espoirs de développement et de prospérité qui s'offrent à
elle, Jack savait qu'il n'était pas là pour apporter des
solutions mais plutôt pour soutenir celles que notre
communauté est capable de trouver au sein de ses ressources
personnelles.

Ensuite, Jack et Olivia vinrent chez moi pour échanger
des idées. Je fis cadeau à Jack d'un bandeau de cèdre, un
arbre que nous appelons « utlyuu », dont le nom de famille

Atleo est dérivé. Il apprécia ce cadeau et voulut en savoir davantage. Je lui expliquai donc que nous ne recueillons l'écorce du cèdre qu'à une certaine période dans l'année afin de nous assurer que nous n'endommageons pas l'arbre et qu'il peut se développer normalement. Au cours des dernières années, même si nous n'en avons jamais reparlé, j'ai toujours remarqué que ce serre-tête en cèdre occupait une place d'honneur dans son bureau.

Jack possédait un don du ciel, qui se manifesta particulièrement ce jour d'été où il nous rendit visite : la facilité qu'il avait de rejoindre les gens dans leur propre milieu. Grâce aux relations qu'il noua avec les villageois, comme avec bien des membres des Premières Nations au Canada, Jack a été en mesure de faire avancer certains de nos dossiers, bloqués depuis trop longtemps.

Après cette journée mémorable, alors qu'Olivia et lui s'apprêtaient à nous quitter, Jack me serra la main, me regarda dans les yeux et me dit : « Shawn, je te remercie. N'hésite pas à m'appeler et je ferai tout ce qui est possible pour vous aider... » Une phrase banale, mais dont la sincérité a été mise à l'épreuve à de multiples reprises. En effet, Jack n'a jamais omis de répondre à un appel téléphonique et n'a jamais manqué d'écouter ce que nous avions à lui dire. Il était devenu l'ami de maints chefs des Premières Nations en comprenant personnellement les défis que celles-ci devaient relever. Jack était devenu un grand leader canadien car il prenait le temps de rendre visite aux gens et de les écouter.

La propulsion sur deux pattes
par Di McIntyre

Même si Jack était bon conducteur, il ne posséda qu'une seule voiture, un cadeau de fin d'études secondaires que ses parents lui avaient promis s'il obtenait une moyenne de 90 pour cent à ses examens de fin d'année. Cette Sunbeam d'occasion passa la plus grande partie de son premier été dans le garage à Hudson, dans l'attente de quelques réparations, et la mère de Jack fut heureuse de ne pas voir son fils se risquer sur les routes avec ce véhicule en plus ou moins bon état. Jack n'eut par principe jamais d'autre voiture. Il utilisait son vélo localement et son tandem pour aller en voyage de noces et se promener avec Olivia.

En qualité de chef du NPD, Jack avait droit à une voiture de fonction et à un espace de stationnement du côté ouest des édifices du Parlement. Il refusa ce privilège, mais puisqu'il ne pouvait rendre l'auto au gouvernement, elle demeura la plupart du temps immobile, sauf lorsqu'il fallait que Jack se rende à des réunions de service en compagnie de son personnel.

Jack m'invita à Rideau Hall pour assister à sa cérémonie d'intégration comme membre du Conseil privé. Il me demanda de conduire et me suggéra de le retrouver ainsi qu'Ed Broadbent à la porte derrière l'édifice de la Justice. Je les cueillis donc à cet endroit et nous partâmes vers la résidence du gouverneur général. Alors que je me dirigeais vers la porte arrière pour me stationner, Jack et Ed me demandèrent de suivre le chemin vers l'entrée principale et de ne pas hésiter à passer par l'allée d'honneur. Arrivés devant la porte, Jack s'étouffa de rire. « Ta vieille Golf de Volkswagen est symboliquement le véhicule idéal pour servir de limousine officielle à des députés du NPD ! » me dit-il joyeusement.

Jack entretenait d'excellents rapports avec les chauffeurs de taxis. La syndicaliste Deb Duffy m'a raconté qu'il avait enregistré les numéros de ses chauffeurs favoris de plusieurs villes sur le dispositif de composition automatique de son téléphone. Ils étaient heureux de retrouver Jack comme on retrouve un vieil ami. Il écoutait leurs histoires, demandait des nouvelles de leur famille et leur laissait de généreux pourboires. Une voisine se rappelle que Jack lui offrait parfois de partager son taxi et qu'en route il prêtait une oreille attentive à ses doléances concernant des questions de santé publique.

À Ottawa, Jack parcourait généralement à vélo la rue Bank, située dans le quartier appelé « Glèbe », au sud du centre-ville, jusqu'à la Colline parlementaire. Les gens le saluaient et il leur répondait. Il parlait parfois de ce qu'il avait vu en route. Lorsque Olivia s'ajouta au défilé de vélos du trafic matinal, les gens reconnaissaient son excentrique bicyclette ornée d'une caisse de laitier en plastique décorée de fleurs.

Le 24 août 2011, deux jours après la mort de Jack, le réseau anglais de Radio-Canada me demanda de me présenter au studio à 7 heures du matin pour une entre-vue. Je me rendis donc au centre-ville à vélo et, tout en roulant, je pensais à ce que Jack voyait chaque jour tandis que la ville s'éveillait : des travailleurs commençant leur journée ; des sans-abris s'extirpant de leurs portes cochères ou des ruelles où ils avaient passé la nuit ; les panneaux, les graffitis, les nids-de-poule non indiqués sur les pistes cycla-bles. Je me demandais ce que Jack pensait de toutes ces choses qui l'informaient de la réelle signification de ce que pouvait être le progrès.

Parfois, le matin, Jack et Olivia se rendaient à pied à la Colline parlementaire, surtout s'ils prenaient l'avion plus tard cette journée-là. Ma mère se souvient d'une histoire que lui avait racontée une jeune femme. Cette dernière se trouvait à un arrêt d'autobus et fut surprise de voir Jack et Olivia descendre la rue Bank. Ils lui sourirent. Elle se mit à courir après eux puis les interpela avec un large sourire. Jack s'arrêta et lui demanda aimablement : « Bonjour. Y a-t-il quelque chose que je puisse faire pour vous ? » Elle se contenta de répondre d'un air excité : « Youpi ! J'ai parlé à Jack Layton ! »

Lorsque je racontai cette anecdote à Olivia, elle me confirma que ce genre de situation survenait très souvent. Tout le monde voulait parler à Jack et ce dernier se montrait toujours accueillant et réceptif.

130

Le golf
par Joe Mihevc

En 2002, lorsqu'il était conseiller municipal, Jack faisait partie d'un groupe de golfeurs comprenant David Miller, Myer Siemiatycki et moi-même qui, le dimanche matin, se rendaient au golf municipal de Don Valley. Plus souvent qu'autrement, nous étions les premiers sur la ligne de départ. Jack en profitait pour donner à ces parties un aspect politique. Ainsi, quelques jours avant une de ces rencontres, alors que je présidais le Comité de santé publique, il vint me trouver avec l'idée d'organiser une conférence de presse portant sur la restriction de l'usage de pesticides sur les terrains de golf. Il désirait la faire dans un club de golf. « Ce serait un décor fantastique pour la télé, disait-il. De plus, en organisant cela un dimanche, nous donnerions le ton aux médias pour le reste de leur programmation hebdomadaire. »

Une rencontre impromptue
par Michael P. O'Hara

En 2009, j'eus la chance de recevoir une invitation de ma sœur Mary Margaret pour chanter en duo avec elle la chanson *Barbara Allen*. Cette prestation lyrique se déroulait à l'occasion du Riverdale Share Concert, un événement annuel ayant lieu dans l'est de Toronto. Ce fut une expérience des plus divertissantes et cette journée fut rehaussée par une rencontre impromptue avec Jack Layton lors d'une réception suivant un dîner à la résidence de Susan Baker, productrice du concert. J'étais heureux de rencontrer ce politicien torontois devenu par la suite chef du NPD et pensais qu'il s'agissait là d'un homme décontracté et ayant les deux pieds sur terre.

Alors que nous discutions, je lui demandai s'il avait entendu parler de la vigile aux chandelles qui se déroulait à Queen's Park ce soir-là pour protester contre le réchauffement climatique. « J'ai justement l'intention d'y assister, répondit-il. Mon fils Michael est l'un des organisateurs de cette manifestation et il prend également des photos. » Je lui mentionnai que j'avais également envie de prendre part à cet événement. « Puis-je profiter de votre voiture ? » me demanda-t-il. Décidément, il n'était pas homme à brûler son propre carbone. J'acceptai donc de prendre sur moi la pleine responsabilité des émissions de CO_2 et de le libérer de tout sentiment de culpabilité pour la pollution que nous pouvions occasionner.

Tout en conduisant, je mentionnai que, dans l'exercice de mes fonctions dans le secteur cinématographique, j'eus l'occasion de servir de chauffeur à nombre de célébrités mais jamais au chef d'un parti politique canadien. Je lui fis remarquer qu'il ne faisait pas preuve de prétention en se présentant à Queen's Park à bord d'une petite voiture économique. Il se mit à rire en descendant la vitre pour demander aux agents de la Gendarmerie royale de nous laisser entrer sur les lieux de la manifestation et d'écarter la barrière.

Une fois sur les lieux, Jack écouta les organisateurs expliquer comment le mouvement contre le réchauffement climatique avait pris de l'ampleur au cours des derniers mois et quelles actions étaient entreprises pour y remédier dans le monde. Michael Layton demanda ensuite à son père de prendre la parole et le présenta comme l'un des militants et pionniers canadiens de la lutte contre le réchauffement de la planète. Ce qui me frappa le plus dans l'allocution de Jack fut son humilité. Il expliqua que bien d'autres pionniers l'avaient devancé et travaillaient encore dans ce sens et que les manifestations comme celles de ce soir ainsi que les vigiles aux chandelles dans beaucoup de villes du monde jouaient un rôle important dans l'avancement de la cause de l'environnement.

Je ne regrettai qu'une chose de cette soirée mémorable : j'aurais souhaité me rendre à pied à cette vigile, afin de passer un peu plus de temps avec Jack, un philanthrope dans l'âme et un être à l'esprit généreux.

Jack l'encanteur
par Di McIntyre

Les talents que Jack déployait en tant qu'encanteur pour des œuvres de charité sont bien connus. N'oublions pas qu'il a fait la connaissance d'Olivia lors d'une vente aux enchères à Toronto. Il était d'ailleurs toujours prêt à mettre son talent de commissaire-priseur au service de bonnes causes, même si elles n'avaient pas lieu sur son territoire. Bien avant que Jack eut acquis une réputation au plan national, il accepta mon invitation et fit spécialement le voyage de Toronto à Ottawa pour être notre encanteur pour le conseil de l'école Mutchmor, qui organisait une collecte de fonds pour financer l'achat de livres pour la bibliothèque de l'établissement.

L'enthousiasme de Jack était communicatif et eut beaucoup d'influence sur les enchérisseurs. Sa loquacité professionnelle parvint à faire monter les enchères plus haut que la valeur des objets offerts. C'est ainsi que ce jour-là il mit en vente un bon d'achat de 200 $ de l'épicerie locale Métro pour 250 $. Le donateur, Jim McKeen, fut d'accord pour que l'acquéreur, Frank Augustyn, utilise ce bon pour acheter une certaine sorte de caviar. Les collecteurs de fonds dépassèrent leurs objectifs et le conseil scolaire fit preuve d'esprit civique en donnant une partie des sommes recueillies à une autre école publique, l'école Vicomte Alexander, pour regarnir leur bibliothèque.

Il ne nous resta plus qu'à célébrer ces enchères réussies en prenant un verre avec un groupe de parents.

Dis-moi qui tu hantes…
par Bill Blaikie

Je me trouvais à Ottawa par une belle matinée de 1985 et j'attendais l'autobus sur l'avenue Laurier pour me rendre au Parlement. Je ne me rappelle plus très bien, mais il se peut même que je levais mon pouce pour faire de l'auto-stop, ce qui m'arrivait parfois. Cela donnait toujours lieu à des dialogues intéressants lorsque je révélais à l'automobiliste qui m'avait fait monter à bord que j'étais député. Ce matin-là, une grosse voiture noire s'arrêta, la fenêtre descendit et j'entendis une voix me dire : « Monte donc à bord, Bill ! » En me penchant, je vis qu'il s'agissait du père de Jack, Bob Layton, qui, à cette époque, était ministre dans le gouvernement récemment élu de Brian Mulroney.

Je montai donc avec M. Layton et je me souviens de la très agréable conversation que j'eus avec lui. Il me demanda notamment si je connaissais son fils Jack, qui était conseiller municipal à Toronto et militait au sein du NPD. Je lui répondis que je le connaissais de réputation mais que je ne l'avais jamais rencontré personnellement. Il y avait une fierté tranquille dans la voix de Bob lorsqu'il parlait de son fils et également un certain humour, voire un peu d'ironie, sur la différence de leurs orientations politiques. Je crois qu'il utilisa les mêmes termes que, des années plus tard, j'entendis Jack employer à propos de son paternel, c'est-à-dire que chacun d'entre eux fréquentait des gens discutables, mais qu'ils n'en étaient pas moins de braves bougres.

Je ne devais pas rencontrer personnellement Jack Layton avant 2002, lorsqu'en qualité de président de la Fédération canadienne des municipalités il donna une allocution au caucus du NPD sur l'importance d'accorder davantage d'attention aux besoins des villes canadiennes. Je lui racontai alors ma rencontre avec son père et notre parcours en auto vers la Colline parlementaire. Cette anecdote devint une sorte de pierre de touche entre nous, car Bob était décédé en mai. Ce que je ne savais pas, c'est que Jack devait prochainement devenir mon rival victorieux à la direction du NPD au palier fédéral et que, lorsqu'il fut élu, il transportait dans sa poche l'épinglette parlementaire de son père.

À la suite de la course à la direction du parti, et après que je fus devenu leader parlementaire du NPD jusqu'à ce que Jack puisse entrer à la Chambre, nous entretînmes l'idée de nous rencontrer un beau soir pour mieux nous connaître. Et c'est ce que nous fîmes. Une bonne bouteille de whisky pur malt plus tard, je crois qu'on peut dire que nous avons fait connaissance sous un aspect des plus positifs. Tandis que la soirée s'écoulait, j'en appris davantage sur la manière dont Jack s'était imposé à la direction du parti, comment il avait divulgué sans complexes ses stratégies aux représentants des médias ainsi que l'admiration qu'il portait à son regretté père.

Pour ma part, je le prévins des inconvénients des différentes positions et approches politiques qu'il favorisait. Par exemple, je lui fis remarquer que toutes les caméras et tous les micros n'étaient pas d'égale valeur et que certains de ces médias étaient à éviter comme la peste. Je dois admettre qu'à mesure qu'il prenait de l'expérience il ne dédaignait pas, à l'occasion, reconnaître que j'avais eu raison sur certains points. La chose la plus critique est qu'il me persuada que le prochain gouvernement serait probablement libéral minoritaire, que mon expérience était importante pour lui et que je devrais abandonner l'idée de cesser mes activités politiques après un quart de siècle.

Particulièrement en verve cette soirée-là, Jack me raconta l'histoire de ce groupe de jeunes de l'Église Unie que son père animait à Hudson, au Québec. Jack en faisait partie et Bob Layton avait suggéré d'appeler ce groupe *The Infusers*. La mission de cette petite association consistait à « infuser » chez les gens un esprit de justice sociale et de valeurs chrétiennes. Jack déplorait la perte de son père et, tandis que sa fin approchait au cours de l'été 2011, je demeure persuadé que l'idée de retrouver Bob de l'autre côté du voile de la mort lui fut d'un grand réconfort.

Jack et moi nous promîmes de nous rencontrer encore pour partager une autre bouteille de whisky, mais nous n'en eûmes jamais l'occasion. Peut-être était-ce inutile. Nous avions réalisé qu'étant presque du même âge, à un an près, nous étions tous deux le produit de la même dénomination religieuse, de la même contre-culture des années 1960, et que nous entretenions les mêmes espoirs sur le potentiel du NPD. Je suis heureux d'avoir pu établir de bonnes relations avec lui à la suite de notre course à la direction du NPD et d'avoir pu faire ce que je pouvais pour voir nos espoirs politiques communs se concrétiser. Notre dernière discussion en privé eut lieu lors de la convention fédérale en juin 2011. Elle portait sur le rôle que je pouvais assumer pour l'aider dans sa fonction de nouveau chef de l'opposition officielle. J'aurais souhaité, bien sûr, que nous eussions pu continuer à échanger des idées...

Le lien des générations

par Di McIntyre

Lorsque nous étions jeunes, nous étions entourés des membres de la famille qui résidaient relativement proche, à Hudson, Montréal ou Cowansville. Au cours des années, la plupart d'entre nous déménagèrent pour des questions d'emploi ou d'études, mais les cousins Layton et nos enfants continuèrent à se fréquenter.

Lorsque ma fille Leia eut deux ans, nous tînmes une réunion ici, à Ottawa. J'ai une photo montrant nos rejetons alignés par ordre de grandeur. Les enfants de Jack, Michael et Sarah, sont les plus grands. Depuis lors, nous nous sommes réunis maintes fois à Milton, à Toronto, à Ottawa, à Cornwall et à Kingston, en Ontario. Quatre générations se retrouvèrent à Burlington pour célébrer le 60ᵉ anniversaire de mariage du grand-oncle Jack et de notre tantine Jean England. Comme on pouvait le prévoir, Jack et sa sœur Nancy jouèrent de la guitare et dirigèrent une chorale improvisée. Jack et Olivia avaient apporté des cahiers de chansons et on prit beaucoup de photos. Lors du 80ᵉ anniversaire de naissance de ma mère, Jack avait apporté des exemplaires de *Rise Up Singing* et joua également de la guitare pour nous accompagner. D'ailleurs, il gardait toujours des classeurs de chansons dans son bureau, prêt à toute occasion pour chanter en chœur.

La plus grande partie de la famille se regroupa à Montréal en avril 2008 pour le 100ᵉ anniversaire de la fondation de l'Association montréalaise pour les aveugles, alors qu'on procédait au lancement officiel par Postes Canada du premier timbre en braille et de l'enveloppe commémorative honorant notre arrière-grand-père, Philip E. Layton. Jack fut la vedette de la soirée et nous lui donnâmes un souvenir encadré. Il le tendit à ma maman, le plus vieux membre de la famille encore vivant, en lui disant : « Tante Joan, ce souvenir vous revient, non pas à moi », puis il demanda qu'on prenne une photo de nous tous.

L'Université Concordia ayant demandé à Jack de prononcer une allocution pour le 100ᵉ anniversaire de l'Association montréalaise pour les aveugles, je fus chargée d'identifier certaines personnes sur de vieilles photos d'archives pour l'exposition accompagnant l'événement et de rédiger le discours de Jack. Je fus touchée lorsque ce dernier me demanda de le lire à sa place. « Di, me dit-il, c'est à toi de faire cela. Tu connais la généalogie de la famille et, à titre de cousine aînée, il est normal que tu évoques notre histoire. »

Un jour, Jack et ma mère (Joan) rendirent visite à la maman de Jack, en Floride. Connaissant tous les bons restaurants, ils s'arrêtèrent dans un bar à huîtres et en consommèrent une quantité impressionnante. Jack fut surpris du robuste appétit de sa tante, au moins égal au sien.

Jack invita maman à différentes célébrations du jour du Souvenir au Monument commémoratif de guerre du Canada à Ottawa. Un 11 novembre particulièrement frisquet, elle se souvient que Jack lui procura une couverture pour se couvrir les genoux. Une autre année, je conduisis maman jusqu'au cénotaphe et à la flamme près de la tombe du Soldat inconnu pour rencontrer Jack, qui se chargea de pousser sa chaise roulante dans la rue Sparks en racontant fièrement aux journalistes que sa tante Joan avait pris part comme danseuse à l'*All-Stars Concert Party* de la Légion canadienne au cours de la Seconde Guerre mondiale ; elle avait donné des spectacles devant nos soldats dans l'est du Canada, en Allemagne, en Belgique, en France et en Angleterre.

Le 15 juin 2011, Jack aida ses frères et sa sœur à organiser une grande réunion de famille pour le 80ᵉ anniversaire de naissance de sa mère. Une majorité de membres des clans Layton et Steeves se rassemblèrent, et tante Do se trouvait au milieu d'une nuée d'enfants habillés de jolis vêtements froncés qu'elle leur avait confectionnés. Malheureusement, ce soir-là, Jack ne put assister à la fête, trop occupé qu'il était à combattre au Parlement l'obstruction systématique de la partie adverse afin de défendre les travailleurs de la poste mis en lock-out par leur employeur. La mère de Jack déplora l'absence de son fils mais comprit que la place de ce dernier était avec le caucus de la nouvelle opposition officielle qu'il représentait. Lorsqu'il appela, nous nous réunîmes tous autour d'un téléphone muni d'un haut-parleur pour chanter avec lui le traditionnel « Joyeux anniversaire ».

Glaciers, grizzlys et Jack
par Neil Hartling

Les guides des cours d'eau de tous les pays du monde ne manquent pas de mentionner que l'Alsek, qui prend sa source au Yukon, traverse la Colombie-Britannique et se rend jusqu'en Alaska, est l'une des rivières les plus sauvages d'Amérique du Nord. Coulant dans la plus grande région glaciaire non polaire et entre certaines des plus hautes montagnes canadiennes, son décor fait parfois penser à celui de l'Himalaya.

Jack et Olivia décidèrent un jour de se joindre à une expédition nordique pour prendre des vacances, réfléchir et recharger leurs batteries. Contrairement aux célébrités, ils ne s'étaient pas embarrassés de personnel. Seule une amie cinéaste, Nancy Tong, les accompagnait au sein d'un groupe de touristes. Quand vint le moment du départ, on peut s'imaginer la surprise des autres voyageurs lorsqu'ils reconnurent le couple. Ces aventuriers avaient des personnalités et des orientations politiques diverses, mais cela n'empêcha pas Jack et Olivia de sympathiser avec tout le monde. Le premier moment d'étonnement passé, nos touristes respectèrent la tranquillité des deux personnages publics, qui se montrèrent d'excellents compagnons de voyage.

Au cours de ce type d'expédition, les participants vivent en étroite communauté. En campant, en partageant les repas, en pagayant, en faisant de la randonnée pédestre et en discutant autour du feu de camp, les personnalités se dévoilent.

Malgré sa phénoménale présence publique, Jack se comportait comme n'importe quel membre du groupe en mettant les gens à l'aise et en communiquant avec eux sur le plan individuel. Cet homme brillant pouvait discuter sans problème avec des personnes de toutes les origines.

Autour du feu de camp, on s'apercevait rapidement qu'il était un leader-né. Bien sûr, il avait des histoires à raconter, dans lesquelles il était souvent l'objet d'une autodérision bien sentie. Il avait apporté sa guitare et ses vieilles chansons traditionnelles, improvisant des riffs tout en encourageant les autres à faire de même pour les paroles. Non seulement l'exercice était amusant, mais cela montrait combien il lui était naturel de donner la parole aux participants afin qu'ils puissent se mettre en valeur.

L'une des plus grandes preuves de l'intégrité de Jack se manifesta un jour dans l'embarcation gonflable lorsque quelqu'un mentionna un pénible scandale dont un membre d'un parti opposé au NPD se serait rendu coupable selon les dernières nouvelles. Il eut été facile pour Jack d'enchaîner sur cette affaire et de la commenter en long et en large,

mais il s'en garda. Au lieu de cela, il minimisa son importance, la déplora et passa à un sujet plus joyeux.

Il y avait beaucoup de grizzlys dans la région, mais ils ne
se montrèrent jamais hostiles. Nous en aperçûmes 29 au
cours de ce voyage. Curieusement, la personne la plus
experte pour les détecter fut un Suisse, un certain M. Urs,
dont le nom est la première syllabe d'*Ursus* – c'est-a-dire
« ours » en latin ! Jack se contenta d'observer les mammi-
fères à une distance respectueuse.

En se dirigeant vers le golfe d'Alaska, l'Alsek serpente
dans des vallées creusées par des glaciers et dominées par
des cimes impressionnantes. Le glacier Tweedsmuir s'étant
récemment élevé en raison de l'augmentation du flot de ses
eaux d'écoulement, le cours de la tumultueuse rivière s'en
retrouva entravé. Il nous fallut recourir à un hélicoptère
pour effectuer le portage de onze kilomètres autour du
glacier et de Turnback Canyon. Pendant que nous attendions l'arrivée du véhicule héliporté, Nancy filma Jack en
train de parler aux voyageurs de la fonte rapide des glaciers
comme preuve évidente des changements climatiques affectant la planète. Ce film devint une vidéo très populaire sur
YouTube ; on peut la retrouver sous le nom de *Melting
Glaciers – Climate Change and the Alsek River*. On constate
combien Jack était familier avec les questions environnementales affectant non seulement notre pays mais aussi la
planète. C'est avec grand plaisir que je revois à l'occasion
cette vidéo qui me rappelle d'émouvants souvenirs de ce
voyage en compagnie de Jack.

Jack l'entremetteur
par Marilyn Churley

J'aimerais vous parler de Jack en sa qualité d'ami. Nous étions de proches alliés sur le plan politique et avons représenté la même région pendant plusieurs années, mais à divers titres. Le témoignage que je fais reflète une cordiale et indéfectible amitié.

J'ai rencontré Jack au début des années 1980 alors que j'étais une mère célibataire vivant à South Riverdale, à Toronto, et que je m'occupais de questions concernant le logement et l'environnement. Jack ne représentait même pas ce quartier à cette époque, mais il était toujours là pour m'épauler dans mes projets. En 1988, lorsque je fus élue pour la première fois au conseil municipal de Toronto pour représenter la section électorale numéro 8, Jack était déjà un vétéran puisqu'il faisait partie du conseil depuis 1982. Il me prit sous son aile et je me trouvais chanceuse d'avoir un tel mentor. Cependant, Jack étant ce qu'il est, nous finîmes par nous aider mutuellement. Alors qu'il me montrait les ficelles de la politique municipale, il me sollicitait pour obtenir de l'information sur le mouvement environne-mentaliste, sur l'aide dont les mères célibataires comme moi peuvent avoir besoin et sur ce que les hommes peuvent faire pour contrer la violence faite aux femmes.

Nous découvrîmes rapidement que nous avions beaucoup de choses en commun. Nous étions tous deux des cyclistes et nous passionnions pour les mêmes sujets. De plus, nous ne dédaignions pas à l'occasion prendre un verre de vin ! Ce fut le début d'une grande amitié qui se renforça avec les années.

Les relations que Jack entretenait avec ses amis étaient importantes pour lui, et il ne manquait pas de garder le contact malgré ses multiples occupations. Ainsi il avait noté la date de mon anniversaire sur son BlackBerry et, le jour dit, si nous ne pouvions nous voir, je recevais un appel sous la forme d'une parodie de la célèbre chanson « Happy Birthday » de Marilyn Monroe. Je sais que plusieurs autres de ses amis ont eu droit au même traitement.

Je garde plusieurs bons souvenirs de Jack et moi assis dans des restaurants après des réunions et des événements sociaux dans la circonscription. Paraître en public avec Jack constituait toujours une sorte de défi, car les gens l'abordaient pour lui serrer la main ou se faire prendre en photo avec lui. Ils aimaient sa personnalité accueillante et sa manière de leur faire sentir que ce qu'ils étaient et ce qu'ils faisaient était important et apprécié. En dépit de ces obligations publiques, nous nous ménagions du temps pour discuter de nos vies respectives. Au cours de ces rencontres parfois tardives, il prenait son téléphone, appelait Olivia et lui disait : « Allô, chérie ! Où es-tu ? Je suis dans un restaurant avec Marilyn Churley. Veux-tu venir nous rejoindre ? » Peu importe avec qui et en quel lieu Jack pouvait se trouver, Olivia n'était jamais bien loin de ses pensées.

Jack aimait jouer les Cupidon pour ses amis célibataires. Il disait être si heureux avec Olivia qu'il ne pouvait pas voir ses amis sans partenaire. Il prenait ce mot dans son sens littéral, comme quelque chose qui s'apparentait à la relation affective qu'il entretenait avec sa femme, un partenariat des plus romantiques, c'est vrai, mais fait également de valeurs partagées, d'amour de la politique et de combats pour des causes comme la paix et la justice.

Une nuit glaciale du début de février 1998, Jack et moi prenions un verre au Black Swan, dans notre circonscription. Mon mariage, qui avait duré 17 ans, avait pris fin et je me plaignais des rencontres décevantes qu'on peut parfois faire. Je racontais à Jack une expérience malheureuse que j'avais eue récemment avec un homme qui me croyait beaucoup plus jeune que je ne l'étais et qui m'avait laissé froidement tomber lorsqu'il avait appris mon âge. Je déclarai donc à Jack : « J'en ai marre des hommes ! » Il sembla abasourdi et me répondit : « Tu es trop jolie et trop *fabuleuse* pour être sans partenaire ! » Ceux qui ont connu Jack savent combien pour lui « fabuleux » était un mot fétiche…

Tandis que je protestais contre ses tentatives pour jouer les marieurs, Jack semblait absorbé dans ses pensées. Soudainement, il se redressa et je crus voir, comme dans les bandes dessinées, une ampoule briller au-dessus de sa tête. Puis il m'annonça : « Je connais le gars qu'il te faut ! Il est le directeur exécutif de la Campagne du ruban blanc et c'est un excellent ami. » Il ajouta malicieusement : « J'étais justement au gymnase avec lui. Il travaille beaucoup et est dans une forme splendide ! » Je lui répondit que cela ne m'intéressait pas, mais, sur le chemin du retour, dans le taxi, il ne cessa de me relancer. Lorsqu'il me raccompagna à ma porte, je capitulai finalement, acceptai l'idée, mais à la condition qu'il n'en parle pas à son ami. En remontant dans le véhicule, il me mentionna qu'il avait hâte d'apprendre la nouvelle à Olivia.

Jack tint parole. Vers la fin du mois, il m'invita à une réception qui avait lieu chez lui en me mentionnant que l'homme dont il m'avait parlé serait présent et que je ne pouvais pas manquer cette occasion de faire sa connaissance. Je me pointai donc à l'heure indiquée. Jack me montra un gars pas mal du tout adossé au mur et me demanda ce que j'en pensais. Je lui répondis qu'il ne me déplaisait pas et que j'acceptais de lui être présentée. Jack se chargea de cette tâche et mit un disque de ballades pour que nous puissions danser.

Le reste appartient à l'histoire. Richard et moi sommes ensemble depuis 14 ans et nous avons eu la chance d'avoir Jack comme garçon d'honneur lors de notre mariage en juin 2009. Il s'était rendu à l'hôtel de ville à vélo sous la pluie battante. Habillé pour la circonstance, mais un peu détrempé, il assista à la cérémonie en compagnie de ma fille Astra à la manière d'un père de famille fier des siens. Après la cérémonie, il vint à la maison pour la réception en compagnie d'Olivia et fut l'une des dernières personnes à prendre congé. Il était visiblement heureux d'être entouré d'amis de toujours. Voir deux de ses meilleurs compagnons s'unir le rendait très fier. Il s'agissait pour lui d'un projet qu'il considérait avoir mené à bien et dont il aimait parler avec enthousiasme.

Les canyons de la Nahanni
par Neil Hartling

Sur la plupart des photos officielles de Jack, on peut le voir habillé d'un chic complet d'homme d'affaires, mais je le connais sous une autre apparence.

La Nahanni est une rivière des Territoires du Nord-Ouest. On trouve le long de cette rivière les plus grands canyons du Canada et les chutes Virginia, presque deux fois plus hautes que celles du Niagara. En 2007, la campagne de préservation du cours de cette rivière battait son plein et avait besoin de défenseurs ayant une forte visibilité afin de faire passer le message. Jack et Olivia se portèrent volontaires pour défendre cette cause, et c'est ainsi qu'à un moment crucial de la campagne je les accompagnai comme guide au cours d'une expédition d'une semaine.

Malgré ses nombreuses occupations, Olivia, une fervente canoéiste de rivière, avait insisté pour prendre part à cette aventure et Jack n'avait pas tardé. Dans sa jeunesse, il avait presque atteint le niveau de nageur olympique et, à ce titre, était à l'aise comme un poisson dans l'eau. Au cours des années, j'avais fréquenté des groupes de personnes de haut calibre et composé avec toutes sortes de personnalités. Il est parfois difficile de faire entendre raison aux vrais leaders, mais les meilleurs d'entre eux savent lorsqu'il faut obéir. Je peux dire que ce couple joua le jeu à la perfection en sachant s'adapter aux circonstances. Jack et Olivia se montrèrent de charmants compagnons de voyage et je me souviens de deux anecdotes les concernant.

Tout d'abord, dans le cadre de la stratégie de sensibilisation que Jack avait mise au point, nous devions diffuser des émissions en baladodiffusion. Sachant que les téléphones cellulaires demeurent muets dans la vallée de la Nahanni – un avantage selon certains ! –, nous devions compter sur la transmission par satellite, qui réserve parfois d'autres surprises. Nous devions donc procéder à une sorte de routine lors de ces émissions. Au moment de la diffusion, Jack et Olivia s'excusaient, se rendaient dans le canyon pour essayer de trouver quelque lieu propice à la communication afin de se brancher sur le satellite. Assis sur des rochers ou des troncs d'arbres, Jack tentait une connexion selon des coordonnées préalablement griffonnées sur un papier et, malgré la retransmission capricieuse et les grésillements, il livrait un message inspiré avec sa voix d'annonceur de radio. Même lorsqu'il fallait qu'il reprenne toute l'émission à cause d'incidents de parcours, comme la perte de contact radio, il demeurait impassible et ne manquait pas une phrase. Le contraste qui existait entre ce « studio » plutôt rustique et l'assurance de la voix bien connue du chef du NPD constitue pour moi un souvenir d'une incongruité pleine d'humour.

Les abrupts canyons de la Nahanni constituent un défi pour les canoéistes les plus avertis, et cela me rappelle un autre bon souvenir. Les rapides de Lafferty's Riffle sont des cascades sous-estimées offrant une grande variété de difficultés. Si vous restez à leur gauche, vous évitez les vagues et les ennuis. Plus vous allez à droite et plus vous devez affronter des rouleaux et d'imposants creux de vagues. Si vous allez encore plus à droite, près de la paroi du canyon, vous vous croirez en train de chevaucher un bronco au Stampede de Calgary, de quoi mettre à l'épreuve les téméraires qui s'y aventurent.

Ce matin-là, le soleil brillait au-dessus de la crête du canyon, inondant de lumière et de chaleur ses profondeurs alors que nous approchions des rapides. Je pagayais avec Jack tandis qu'Olivia était avec une autre dame. En descendant la partie paisible de la rivière précédant les redoutables rapides, nous devions prendre rapidement une décision. « Jusqu'où voulez-vous aller à droite ? » demandai-je. « Le plus loin ! » répondit Olivia, suivie de Jack qui poussa un joyeux « Hee-Haa ! » de cow-boy.

La photographe et guide Melanie Siebert, qui descendait devant nous, profita d'une accalmie du courant pour saisir une photo spectaculaire de Jack en pleine action, le visage d'un homme heureux de vivre dans la voie rapide… de Mère Nature. Cette photo représente pour moi le Jack que j'ai connu.

Le groupe communautaire central

par David Raeside

Jack Layton contribua à m'initier à la politique municipale torontoise. J'ai commencé à enseigner à l'Université
de Toronto en 1974 et, quelques années plus tard, étais à
la recherche de matériel critique et militant sur les activités
de la ville de Toronto. Il n'en existait guère, mais deux
professeurs de Ryerson, Jack Layton et Myer Siemiatycki,
avaient préparé des enregistrements radio sur la vie
politique de la ville. Pendant quelques années, je fis jouer
des extraits de ces bobines pour animer mon cours sur le
pouvoir.

En 1979, je m'engageai timidement dans des politiques
mettant de l'avant la diversification sexuelle en travaillant
bénévolement pour *The Body Politic*, qui était à l'époque
l'un des plus influents magazines du mouvement de libération des gais et lesbiennes dans le monde. J'étais révolté
contre les nombreux raids que la police avait effectués en
1981 dans plusieurs bains publics gais. Cela m'incita à
m'impliquer davantage dans le *Right to Privacy Committee*
ou RTPC (Comité pour le respect du droit à la vie privée),
une cellule de réaction contre les agressions policières envers
les homosexuels. En 1982, j'adhérai également au Citizen's
Independant Review of Police Activities ou CIRPA (Comité
citoyen indépendant de surveillance des activités policières)
en qualité de représentant du RTPC et, un an plus tard, je
devins secrétaire de ce groupement.

Jack fut élu pour la première fois au conseil municipal en 1982 et se joignit à des réformateurs décidés comme John Sewell et Richard Gilbert. Presque immédiatement après cette première élection, il permit que son petit bureau puisse être utilisé comme lieu de rencontre pour les groupes communautaires, dont le CIRPA. Lorsqu'il était là, Jack semblait être au centre d'un tourbillon de militants et, à part deux petits pupitres, l'espace était occupé par une pléthore de boîtes contenant des dossiers dont les piles débordaient dans le couloir.

Le CIRPA réussit à rassembler d'éminents avocats de gauche représentant les communautés noire et asiatique, des groupes libertaires et des militants civiques comme Allan Sparrow (décédé en 2008), qui avait établi ce comité en 1981 après avoir été conseiller municipal. Plusieurs des membres importants de ce comité connaissaient beaucoup de choses sur les opérations policières et sur les préjugés que la police pouvait entretenir sur certaines personnes. L'approche de ces militants était à la fois conflictuelle et coopérative, ce qui était conforme aux méthodes de Jack. Ce dernier n'assistait pas systématiquement à toutes les réunions, mais tous savaient qu'il comprenait instinctivement le besoin de changer la manière dont agissait le corps policier municipal. Le CIRPA avait le grand avantage de posséder une base d'opération à l'hôtel de ville et de pouvoir y effectuer une grande partie de son travail. L'optimisme politique de Jack constituait également un encouragement à aller de l'avant.

152

La situation centrale du bureau de Jack pour les groupes communautaires fut pleinement mise en évidence durant la distribution des prix pour les actions militantes locales organisée par Jack et son ami, le réformateur Dale Martin, au cours des années 1984 et 1985. La diversité des groupes et des causes était époustouflante et presque tout le monde dans le grand salon de l'hôtel de ville aurait pu admettre que l'aide de Jack se révélait véritablement cruciale pour ces organisations.

L'énergie des personnages-clés du CIRPA fut dirigée vers d'autres directions au milieu de la décennie, mais pour Jack il ne fut jamais question de se désengager. Jamais il n'eut l'ombre d'un doute à propos de l'appui qu'il devait assurer aux causes des lesbiennes, gais, bisexuels et transgenres. Je me souviens des ventes aux enchères qu'il organisait pour des collectes de fonds au cours desquelles il obtenait des résultats incroyables. Il aida la ville à se mobiliser contre le sida au cours de la même décennie, et ce, bien avant que le gouvernement fédéral et la plupart des gouvernements provinciaux ne prennent ce fléau au sérieux. Il se rendait aux défilés de la fierté gaie avant que cela ne devienne politiquement populaire.

Jack devint un leader parmi les conseillers municipaux réformistes au cours des années 1980, à une époque où le maire n'était nul autre que l'insipide et insignifiant Art Eggleton. Il fallait donc beaucoup d'énergie à certains membres du conseil municipal, qui étaient des gens versés dans tous les aspects de la diversité et des procédures, pour secouer la cage de la complaisance politique et donner une voix aux personnes marginalisées.

Clic ! Deux instantanés !
par Bill Freeman

Première prise : Je me trouvais avec Olivia et un groupe dans sa maison de la rue Huron en train de préparer les prochaines élections. Jack entra soudainement par la porte arrière avec trois ou quatre de ses adjoints politiques. Ils arrivaient tous de la côte Ouest et semblaient fatigués. Personnellement, je ne l'avais jamais vu avec une aussi mauvaise mine. Il demanda à Olivia : « Y a-t-il quelque chose à manger dans la maison ? Ces gens-là sont littéralement affamés… » C'est ainsi qu'était Jack.

Seconde prise : Je me trouvais avec un groupe de résidants des îles de Toronto venus rencontrer Jack de bonne heure à son bureau pour mettre au point un moyen de convaincre l'administration du Toronto métropolitain de régler la question de la préservation des maisons existant sur les îles. C'était la première fois que je le rencontrais, mais il savait qui j'étais et quel rôle je jouais dans le dossier des insulaires. Coupant court aux banalités d'usage, car il avait une autre réunion et le temps avançait, Jack nous aida à rendre nos objectifs plus percutants et nous suggéra des stratégies. Avant de nous quitter, il tapa un mémo sur son ordinateur résumant les décisions que nous avions prises, l'imprima, nous le remit et fila comme l'éclair. C'est ainsi que Jack pouvait également être.

Alimenter la ville
par Debbie Field

Jack fut l'un des premiers politiciens canadiens et leaders de mouvements sociaux à saisir l'importance des programmes d'aide alimentaire. Les importantes politiques qu'il défendait dans ce domaine comptent parmi ses réalisations les plus remarquables. Jack aimait la nourriture, et tout spécialement les produits locaux et les mets préparés par Ho Sze Chow, la mère d'Olivia. Une visite chez Jack et Olivia était souvent prétexte à déguster quelque plat et la bonne bouffe faisait partie de la joie de vivre de cet homme.

En 1985, lorsque la faim devint un sérieux problème à Toronto et que le programme FoodShare fut institué par le maire Art Eggleton en réponse aux appels de militants comme le Révérend Stuart Coles, Jack répondit « Présent ! » Nous avons dans les archives de FoodShare une photo datant de cette année-là montrant Jack en compagnie d'un conseiller d'alors, Chris Korwin-Kuczynski, de Sheila White, du NPD, et d'un autre collègue lors de l'organisation d'une collecte d'aliments à l'hôtel de ville.

En 1989, sur la recommandation de son ami et adjoint exécutif, le regretté Dan Leckie, Jack fit venir d'Angleterre le professeur Tim Lang afin que celui-ci explique l'importance d'établir des conseils sur les politiques d'alimentation. Comme le décrivait Wayne Roberts dans un hommage paru dans le magazine NOW, Jack était à l'origine de la création du Toronto Food Policy Council (TFPC ou Conseil sur les politiques d'alimentation), le premier en Amérique du Nord. Son premier coordinateur, Rod MacRae, fut engagé en 1991 et le TFPC a célébré l'an dernier son 20ᵉ anniversaire.

Jack avait également raison lorsque des parents militants comme moi voulaient que la ville, les commissions scolaires et les organisations communautaires mettent sur pied des programmes alimentaires pour les élèves dans les écoles. En relisant une lettre de Jack datant de 1991, on constate sa vision étonnante et sa compréhension du pouvoir que l'alimentation peut jouer, son optimisme communicatif pour des solutions créatives et la façon dont on pouvait mobiliser les gens et surmonter les obstacles juridiques afin de créer des solutions. Il écrit notamment :

Ce programme est une réponse collective de la communauté soulignant son droit de contrôle et sa participation en ce qui concerne l'importante question de santé publique qu'est la nutrition. Au fil du processus, une telle participation encourage le développement communautaire. Ce programme s'attaque avec toute la dignité souhaitable aux problèmes causés par la faim et il aura des retombées majeures sur les plans préventif et environnemental. J'espère que nous réussirons à convaincre tous les paliers de gouvernement de prendre part à cette entreprise.

Concernant les questions de nutrition, le duo Jack Layton-Olivia Chow ne cessa de monter aux barricades, particulièrement en ce qui concernait la nutrition des élèves. Les années qu'Olivia avait passées comme administratrice scolaire avaient faites d'elle la première promotrice canadienne d'une meilleure alimentation pour les jeunes et elle fut la première politicienne fédérale à exiger la création d'une politique nationale de nutrition destinée au milieu scolaire. Jack n'était jamais loin pour soutenir les initiatives d'Olivia, négociant des arrangements avec le maire Mel Lastman et persuadant bien des gens que la santé des enfants torontois était importante pour la ville, même si certaines personnes hésitantes estimaient que cette question était de compétence provinciale. Les traditions établies par Jack et Olivia survivent aujourd'hui dans l'administration torontoise ; d'ailleurs, la grande importance qu'occupe la nutrition des écoliers s'est manifestée au cours de l'été 2011 par la présence d'un grand nombre de députations défendant le financement de programmes par la ville.

En reconnaissant l'importance de jardins communautaires, le financement de programmes alimentaires par la ville et le rôle formidable que ceux-ci jouent dans le développement des communautés, Jack faisait également preuve de clairvoyance. Après avoir connu des succès dans le logement, Jack s'occupait d'alimentation. Il mit au point l'idée d'un groupement, le *Food and Hunger Action Committee*, qui, par la suite, déboucha sur la création d'un programme alimentaire financé par la municipalité, ainsi que sur le programme FoodShare Animator, qui facilite la création de jardins communautaires, en plus de cuisines et de marchés dans les quartiers défavorisés afin de pouvoir offrir des aliments pour tous et renforcer les liens entre les différentes communautés torontoises.

Au cours de toutes ces années, Jack et Olivia soutinrent FoodShare. Durant l'épidémie occasionnée par le syndrome respiratoire aigu sévère, ou SRAS, ils suggérèrent au groupe rock alternatif Barenaked Ladies de faire don d'une partie de leur cachet à FoodShare, et lorsque nous leur demandâmes une recette pour un livre de cuisine FoodShare que nous étions en train de préparer, le couple nous en envoya une de la maman d'Olivia – une boisson rafraîchissante à base de jus de pomme et de poire –, ainsi que la précieuse recette de bouillabaisse de Jack, une soupe de poisson marseillaise.

J'eus le grand plaisir de travailler avec Jack avant de me joindre à FoodShare. Lorsque je travaillais au Centre de développement de l'éducation dans les années 1980, nous avions souvent besoin de recourir à l'aide de la ville et finissions toujours par nous retrouver dans le bureau de Jack Layton ou de Dale Martin, les deux conseillers municipaux du centre-ville grâce à qui tant de bonnes choses arrivaient en ce temps-là. En fait, pendant des années, je ne faisais pas la différence entre Jack et Dale et les mélangeais toujours ! D'une certaine manière, il était peu important qui on voyait, Jack ou Dale, lorsque nous passions à l'hôtel de ville. Tous deux étaient capables de résoudre le problème d'une communauté et de trouver une solution adéquate.

J'ai été engagée à l'hôtel de ville en qualité d'adjointe exécutive de Dale en 1988. De concert avec Jack, Dale, Dan Leckie et d'autres membres progressistes du conseil municipal, j'ai pu faire progresser une idée soumise par Dan et consistant à proposer des solutions plutôt qu'à faire de l'opposition. Fortement influencés par John Sewell, maire de Toronto de 1978 à 1980, par les réformateurs municipaux qui nous avaient précédés et les mouvements sociaux, nous faisions partie d'un groupe qui tenait à faire avancer les choses. Le désarmement, l'environnement, les droits des femmes, la libération des droits des gais, la solidarité avec le tiers-monde ainsi que les mouvements de lutte contre la pauvreté étaient les causes légitimes que nous défendions dans le cadre d'un partenariat complexe de militants œuvrant au sein des administrations gouvernementales comme en dehors de celles-ci. Des années plus tard, après l'élection de Luiz Inácio Lula da Silva comme président du Brésil, Jack s'intéressa à ma proposition selon laquelle nous pourrions trouver avantage à nous inspirer de l'idée de Lula voulant que le Partido dos Trabalhadores (Parti des travailleurs du Brésil) repose sur une double assise : les mouvements sociaux et les politiciens élus.

Je crois que les succès que Jack remporta sont attribuables à sa formidable compréhension de ce concept. Lorsqu'il prit la parole à la Chambre des communes comme il l'avait fait des années auparavant à l'hôtel de ville de Toronto, il parla au nom des personnes mobilisées par les mouvements sociaux. C'est ainsi qu'il s'évertua à convaincre Mel Lastman et Stephen Harper de l'urgence des changements qui s'imposaient aux plans de la législation et des politiques. Même si au cours des dernières années le principal champ d'activités de Jack se situait au Parlement, il n'existe pas au pays de politicien ayant témoigné autant de respect pour les militants des groupes communautaires.

Lorsque Jack décida de faire le saut en politique fédérale et de se présenter comme candidat à la direction du NPD, on crut que ses chances de réussite étaient faibles. Après tout, il venait de Toronto, n'était même pas député et privilégiait peut-être davantage le militantisme des mouvements sociaux que l'aspect électoraliste de son parti. Je fus heureux de jouer un modeste rôle en encourageant les militants des mouvements sociaux à lui donner un coup de main. Cette campagne était fondée sur le modèle communautaire de FoodShare Good Food Box, un programme de distribution de caisses de fruits et de légumes à prix plancher pour les personnes aux moyens modestes. Chacun de nous demandait à dix personnes que nous connaissions d'appuyer la candidature de Jack ; chacune de celles-ci répétait le processus, et ainsi de suite.

Alors que cette année-là je m'adressais à des partisans de Jack, je leur laissais entendre qu'en politique, de temps à autre, le soleil parvient à percer les nuages et qu'alors il est possible de mettre en œuvre de nouvelles orientations. Sous la direction de Jack Layton, on peut dire que le soleil a réussi à dissiper les nuages. Jack déplaça des montagnes grâce à son opiniâtre volonté, sa vision des choses, son humilité et sa passion. En regardant agir Stephen Harper récemment, j'ai eu l'impression que l'attitude que Jack avait envers les partenariats, les compromis et la capacité de s'élever au-dessus des idées toutes faites avait en quelque sorte « déteint » sur le premier ministre, qui parle maintenant davantage de « consensus à établir ».

Jack a réussi à faire ressortir ce qu'il y avait de meilleur en nous, et c'est pour cela qu'on l'aime autant. Il nous a donné l'espoir de pouvoir profiter des occasions et faire du Canada un meilleur pays où vivre. À toutes les personnes travaillant pour les mouvements alimentaires, Jack Layton a légué une vision lucide de l'importance d'une saine alimentation pour tous ainsi que le désir d'adopter des politiques hardies et de réaliser des choses. Le message que Jack a voulu nous transmettre ne peut être plus clair. Nous avons mis au point un programme avec lequel une grande majorité de Canadiens est d'accord ainsi que des solutions pratiques et réalisables.

Faire œuvre utile...
par Di McIntyre

Lorsque nous étions enfants, nous participions à de nombreuses activités pour le compte de l'Association montréalaise pour les aveugles. Nous servions les gens à l'occasion de pique-niques, chantions dans des chorales et participions à des bingos du Club Cheerio, mis sur pied par ma grand-mère pour les gens confinés à leur domicile, comptions les points pour les équipes de quilles et nous portions volontaires pour des collectes de fonds sans compter nos heures. Nos parents nous montraient l'exemple en s'impliquant dans la communauté comme directeurs de groupes de jeunes, de chorales, d'associations, et en pratiquant un activisme social. Ils nous incitaient souvent à les imiter en nous disant : « Voici une bonne occasion de faire œuvre utile… » Ils nous faisaient également remarquer que rien n'est impossible lorsque nous sommes décidés à travailler selon un objectif et que nous devrions vivre comme nous aimerions qu'on se souvienne de nous.

Jack appliqua toujours ces principes. Il disait qu'ensemble nous pouvions changer le monde et que si nous croyons à une cause nous devrions passer à l'action, nous engager et soutenir nos leaders. Beaucoup demeurent muets lorsqu'ils font face à des injustices ou à des actes répréhensibles, mais il faut se souvenir que si une seule personne a le courage de parler, souvent les autres suivent son exemple. Dans son livre *Speaking Out Louder : Ideas that Work for Canadians*, Jack parlait de la nécessité de se faire le porte-parole des changements positifs, de ne pas s'opposer mais de proposer, de construire au lieu d'amoindrir.

CHAPITRE 4

UN HOMME POUR LE PAYS

Jack n'a jamais été enclin à choisir le chemin le plus simple et ne s'est jamais facilement découragé. Après s'être présenté comme maire en 1991 et avoir perdu contre June Rowlands, il décida, la prochaine fois, de tenter une manœuvre plus ambitieuse. Deux ans plus tard, il se présenta aux élections fédérales en tant que candidat du NPD dans la circonscription de Toronto Rosedale. Vu que Rosedale incluait le bastion de la grande bourgeoisie locale traditionnelle, on ne se surprit pas de sa défaite. Inébranlable, Jack tenta une fois de plus sa chance au niveau national et, cette fois-ci, il vit grand et se demanda pourquoi il ne commencerait pas par le sommet.

À la grande surprise de nombreux observateurs, il devint chef du NPD au premier tour et l'image de ce que devait être un leader prit un tournant. Pas sur-le-champ, mais elle changea tout de même. Au cours des élections de 2004, les résultats décevants du parti furent partiellement imputables à une déclaration de Jack qui, non sans passion, eut des mots malheureux à l'endroit de Paul Martin en déclarant que ce dernier était responsable de la mort de sans-abris parce qu'il n'existait pas de stratégie nationale du logement. Jack tira des leçons de sa bévue et, au cours de chaque élection subséquente, le NPD gagnait du terrain.

Le 1er décembre 2008, le Parti libéral et le NPD, en accord avec le Bloc québécois, signèrent une entente de coalition établissant les modalités selon lesquelles les trois partis gouverneraient advenant le cas où les conservateurs perdraient leur imminent vote de confiance. Nous ne saurons jamais quel fut l'argument qui parvint à convaincre la gouverneure générale Michaëlle Jean d'accepter de proroger le Parlement plutôt que de risquer de voir tomber le gouvernement, mais un fait demeure : elle le prorogea et le NPD et Jack perdirent là une bonne occasion.

En attendant la prochaine élection fédérale en 2011, Jack et le NPD étaient prêts. Plusieurs personnes mirent en doute les rapports mentionnant qu'une « vague orange » déferlait sur le Québec mais, lorsqu'on dépouilla finalement les bulletins le 2 mai, le pays apprit que Jack avait permis au NPD de remporter le plus grand nombre de sièges de son histoire et que ce parti formait dorénavant l'opposition officielle.

« Que veux-tu faire, au juste, Jack ? »
par Terry Grier

En 2002, le Nouveau Parti démocratique fédéral était plutôt déprimé. Son statut de parti officiel à la Chambre des communes avait à peine survécu à l'élection de 2000.

Certaines politiques de gauche érodaient la loyauté des membres envers le parti ; quelques-uns d'entre eux exigeaient l'application de politiques plus radicales, et l'existence même du NPD était remise en question. Alexa McDonough avait démissionné de la direction et on devait choisi un nouveau chef en 2003, non pas au cours d'une convention de délégués mais, pour la première fois, sur la base d'un vote par membre.

Lorsque Jack m'appela pour m'apprendre qu'il comptait se présenter à la direction du parti, je fus d'abord surpris, car il s'agissait d'un saut d'une longueur appréciable pour un politicien municipal. Serait-il capable de chausser les bottes de Tommy Douglas, de David Lewis ou d'Ed Broadbent ? Toutefois, tout en parlant, j'en vins à l'encourager. Dans les années 1990, il avait été deux fois candidat fédéral, avait passé 19 ans au conseil municipal de Toronto où il était le chef respecté d'un important groupe de conseillers tendant vers la gauche, était maire suppléant et, en tant que président de la Fédération canadienne des municipalités, il s'imposait comme étant la personne toute désignée pour parler au nom des villes du pays. De plus, il brûlait de faire connaître sa vision politique sur la scène nationale.

Il ne tarda pas à déclarer officiellement sa candidature. Non encore décidé, j'allai prendre un café à une réunion où Jack devait rencontrer d'éventuels partisans. Comme le font tous les candidats, il parla de remonter le moral des troupes, d'augmenter le nombre d'adhésions et de moderniser l'organisation du parti. Ce qui m'impressionna le plus fut la manière dont il évoqua avec assurance ses possibilités de parvenir à la direction du NPD ainsi que la logique de ses projets organisationnels et financiers en vue d'une éventuelle victoire. Il était confiant d'être en mesure de gagner, d'amasser les fonds nécessaires et de reconstruire la formation politique. Comme au début de sa carrière, son incroyable optimisme et son énergie communicative vous interpelaient. Au bout d'une heure d'un échange de questions et de réponses pointues avec les militants, Jack nous persuada que ses projets étaient réalisables. Nous venions d'assister à une démonstration de ses qualités de chef en pleine action. J'adhérai donc.

Vers la fin de novembre, Ruth et moi nous trouvions à une collecte de fonds pour Jack. Quelque 450 personnes se présentèrent, la plupart dans la trentaine ou la quarantaine. Beaucoup de nouveaux visages et d'anciens aussi, que nous n'avions pas vus depuis les années d'Ed Broadbent. Ce fut un événement de belle qualité, dans un style contemporain, et les gens s'amusèrent beaucoup. Plus de 80 000 $ furent amassés et Jack donna une allocution fort pertinente. Cette soirée me persuada plus que jamais qu'il était l'homme pour ce poste.

Depuis des années, je me consolais à l'idée que le pendule politique oscillerait éventuellement pour que le NPD national retrouve son importance ainsi que son influence. Je me disais que son chef devrait jouer un rôle primordial mais non exclusif dans cette remontée, mais je me leurrais. Si nous n'effectuions pas une percée cette fois-ci, à toutes fins utiles nous risquions carrément de nous retrouver rayés de la scène nationale.

Le contexte était donc crucial et, pour moi, la question principale était de savoir qui était le plus capable d'atteindre un pointage au-delà du noyau des 8 à 10 pour cent auquel nous étions réduits. Ce soir-là, j'eus l'intuition que c'était Jack. Je le vis afficher une familiarité conviviale et pleine de confiance ainsi qu'une volonté d'appliquer virtuellement toutes sortes de réformes sociales au pays. Il manifestait le désir authentique et fervent d'apporter de véritables changements. Sa présence à la tribune était capable de soulever l'enthousiasme des foules. Sa manière impression-nante de comprendre les politiques, la sensibilité réfléchie qu'il témoignait aux personnes auxquelles il s'adressait et, enfin, sa vitalité débordante conféraient à cette soirée une énergie et une exubérance telles que je n'en avais pas vu depuis une douzaine d'années.

Je compris alors clairement qu'il était de loin le meilleur candidat, celui capable de sortir son parti de la situation difficile dans laquelle il était et de rajeunir sa base vieillis-sante et un peu étroite, le seul capable de cliquer avec les groupes les plus réfléchis et avec les personnes qui ne consi-déraient pas la politique comme un moyen utile de procé-der à des réformes, le seul chef susceptible de nous insuffler l'énergie et l'optimisme pour nous mener à la victoire.

En janvier 2003, Jack remporta la course à la direction au premier tour. Le lendemain matin, afin d'honorer un engagement pris précédemment auprès d'une association étudiante, il s'adressa à une foule compacte à l'Université Ryerson. Comme tant d'autres devaient le faire dans les années qui suivirent, nous avons été influencés par sa vision optimiste, son énergie, sa foncière gentillesse. Avec Jack, l'avenir nous semblait radieux.

Le nouveau chef du NPD nous menait vers les sommets.

Hisser la base au niveau national
par Jamey Heath

En 2002, le jour où Jack Layton annonça qu'il voulait diriger le NPD, l'humidité faisait régner une insupportable touffeur à Ottawa. Il livra cette nouvelle au cours d'une conférence de presse en plein air sur le gazon de la Colline parlementaire. Ces formalités accomplies, afin de poursuivre les entrevues, nous nous sommes retrouvés dans mon modeste appartement, sans climatiseur, à quelques pâtés de maisons du Parlement.

Ces entretiens eurent lieu en tenue d'été légère. C'est du moins ce que je découvris en voyant Jack accorder audience sur mon balcon après avoir déposé ses vêtements superflus comme sa veste sur mon canapé. En rétrospective, ce genre de décontraction lui allait parfaitement bien et projetait l'image d'un candidat relax, une attitude que la plupart des Canadiens de tous les milieux approuvaient.

Je ne le connaissais pas encore lorsque je commençai à m'occuper de sa campagne à la direction du parti, mais alors que nous préparions cette première conférence de presse, il insista pour qu'un groupe de militants québécois pour la création de logements sociaux y assiste. Il faut dire qu'il avait travaillé avec eux pendant qu'il était président de la Fédération canadienne des municipalités et qu'il avait obtenu des résultats appréciables. Cela dit, l'organisation de la conférence était loin d'être facile, car cet événement se présentait déjà comme un numéro de cirque et ajouter des intervenants risquait de compliquer les choses.

Jack jugeait cependant que ces militants symbolisaient la manière dont les Canadiens pouvaient travailler de concert et comment le Québec pouvait affirmer sa différence au sein d'un fédéralisme souple. Des années plus tard, ce souhait se concrétisa à l'issue d'une élection de portée historique. Quoi qu'il en soit, pour Jack, il s'agissait moins d'un calcul politique que d'une conviction profonde. Il se disait qu'il y avait toujours moyen de trouver un terrain d'entente lorsque des groupes manifestaient la volonté de travailler ensemble.

Il est aujourd'hui difficile de se souvenir de l'époque où, dans tous les foyers, Jack n'était pas une figure emblématique du paysage politique canadien, mais le jour du lancement de la campagne à la direction du parti, une journaliste me demanda qui il était. Lorsque je le désignai du doigt, en minaudant elle trouva qu'il ressemblait à Paul Newman. D'autres personnes ne furent pas aussi gentilles. Certains experts qui ne se demandaient pas pourquoi Jack tenait tant à gagner prédirent avec assurance qu'il subirait un échec. Mais Jack ne voulait rien savoir et continuait à tenter de convaincre le plus d'électeurs possible grâce à son optimisme communicatif et à sa ferme conviction que si un événement ne s'était pas encore réalisé, cela ne signifiait pas qu'il ne se concrétiserait jamais. Il gagna au premier tour.

Notre seule dispute survint dans un bar de blues du Marché By, à Ottawa, à peu près deux jours après sa nomination comme chef. Il me demanda combien, à mon avis, le NPD remporterait de sièges à la prochaine élection. Lui ayant répondu vingt-cinq – soit presque deux fois plus que le parti en détenait alors –, il considéra ma réponse comme défaitiste. « Il faut voir plus grand ! » me gronda-t-il, puis il recourut à son analogie sportive favorite. Celle-ci ne s'inspirait pas de la technique du Canadien de Montréal mais de celle du water-polo. « La politique est comme le water-polo, me rappela-t-il. Il faut rester calme en surface, travailler sous l'eau où les autres ne peuvent rien voir, puis frapper fort ! »

De nombreux politiciens pensent peut-être que le fait de frapper plus fort que les autres sert uniquement à faire avancer leur carrière. Ce n'était pas le cas de Jack. Je crois en effet que la raison pour laquelle sa mort affecta tant de gens n'était pas attribuable au fait qu'elle était survenue peu après une percée politique aussi surprenante. Ce serait plutôt parce que les citoyens avaient réalisé que son sourire n'était pas commercial et qu'on avait affaire à un personnage public qui prenait vraiment les intérêts du peuple à cœur avant de penser à lui.

J'ai pu le constater en entrant un jour chez lui en sa compagnie. Je me rappelle avoir été éberlué de trouver dans son salon un groupe de militants communautaires en pleine réunion. Sans se démonter, Jack m'expliqua avoir prêté les clefs de sa demeure à ces activistes sociaux pour qu'ils puissent avoir un endroit où se réunir.

Sa foi dans les gens et dans leur pouvoir de faire changer les choses était inébranlable. À cette époque, tout le monde pouvait le rejoindre sur son BlackBerry et, la plupart du temps, les suggestions des interlocuteurs étaient prises en compte avec enthousiasme. S'il y avait un problème, Jack tenait à le résoudre. Un jour où il donnait une importante allocution sur les soins de santé, il profita du fait qu'il venait tout juste de visiter une communauté amérindienne où les conditions de vie étaient sordides pour dénoncer cet état de choses. Son allocution fut certes décousue mais il n'en eut cure. Il tenait à ce que son auditoire puisse prendre conscience de la misère dans laquelle vivent certains de leurs concitoyens.

Faire partie d'un personnel politique n'est pas un travail des plus gratifiants. En effet, les gens ont l'impression que nous sommes prêts à toutes les bassesses pour faire paraître notre chef sous son meilleur jour. Ainsi, lorsque je me faisais demander pourquoi Jack agissait comme « un vendeur de voitures d'occasion » et pourquoi il souriait tout le temps, je ne pouvais que répondre que c'était sa véritable nature. Inutile de dire que je devais affronter ce que j'appellerais simplement un cynisme dubitatif.

Ces dernières années, nombreuses furent ces mêmes personnes cyniques qui décrivirent le courage dont Jack faisait preuve en gardant le sourire en campagne malgré le cancer qui le rongeait. On réalisa malheureusement trop tard combien son sourire et sa nature affable reflétaient vraiment sa personnalité, celle de quelqu'un qui faisait toujours ressortir le côté le plus positif des autres et désirait travailler avec eux.

À l'hôtel de ville de Toronto, le soir précédant les funérailles de Jack, on put remarquer combien l'assistance et les messages écrits à la craie sur les dalles représentaient bien celui qui était honoré. L'affection pour autrui n'ayant pas de barrières pour le défunt, il était normal dans les circonstances qu'un médecin étranger réduit à conduire un taxi pour survivre, un ouvrier en chômage cherchant du travail, des autochtones vivant dans des cabanes ou un couple gai nouvellement marié n'aient pas fait de différence à ses yeux.

Beaucoup de choses avaient changé depuis neuf ans, lors de cette journée maussade où il décida de modifier la politique au Canada. Sa manière de procéder fera certainement l'objet d'un examen de la part d'observateurs, mais avec ce que nous savons de ses premiers efforts au conseil municipal de Toronto en passant par la dernière lettre qu'il a écrite aux Canadiens, les ententes budgétaires, les coalitions virtuelles et quatre élections, une constante demeure : Jack était prêt à travailler avec qui que ce soit s'il pensait qu'il y avait moyen d'obtenir des résultats probants.

Même s'il s'agissait partiellement d'une stratégie politique, l'ensemble s'inscrivait dans la confiance qu'il plaçait dans la nature humaine et dans son potentiel à effectuer des changements. Lorsque j'évoque Jack, c'est d'abord son côté humain qui me vient en mémoire, même si les cyniques réalisèrent tardivement que son sourire était authentique. Je me souviens du rire homérique qu'il lâcha après avoir fait un discours la tête à l'horizontale parce que l'écran du télésouffleur affichait son texte à l'envers. Je me souviens de l'homme sans prétention qui avait pris la peine de trimballer ma valise à l'hôtel après que je me fus assoupi dans l'autobus de campagne. Et aussi de Jack interviewé par le journaliste de la célèbre émission de la CBC *As It Happens*, à moitié dévêtu sur mon balcon, le jour où il annonça au pays qu'il voulait le diriger.

Une heure après que Jack eut rendu l'âme, avant que les gerbes de fleurs et les inscriptions à la craie ne fissent leur apparition, un ami m'envoya un texto en sortant d'un ascenseur. Il me mentionnait que les gens étaient visiblement tristes, qu'il ne s'agissait pas simplement de la disparition d'un quelconque personnage public, mais celle d'une figure emblématique touchant la population de manière plus personnelle.

De tous les cadeaux que Jack a pu nous faire, je dirais que le plus précieux fut certainement son contagieux sens de l'humanité, un sentiment qui, heureusement, est facilement communicable.

La règle de trois
par Anne McGrath

Jack était plein d'idées, brillantes pour la plupart. Toutefois, elles n'étaient pas toutes propices à favoriser l'élection d'un plus grand nombre de néo-démocrates en vue de former le gouvernement. Bien des gens lui faisaient des suggestions. Qu'il s'agisse de chauffeurs de taxi, de passants ou d'experts internationaux lui importait peu. Il adorait absorber les idées, les confronter et, quelque soit la personne qui les émettait, y déceler la sagesse intrinsèque qu'on pouvait y découvrir.

Lorsqu'il voyageait, il avait beaucoup de temps à sa disposition et transposait ses pensées sous forme de plans, parfois accompagnés d'un résumé sur tableur Excel. Lorsque Brad et moi le rencontrions pour manger chaque semaine, nous les révisions dans une optique électorale.

Jack expliquait alors ses plans complexes en détail. Nombre d'entre eux auraient nécessité des années, toute une armée et beaucoup d'enthousiasme pour les mettre en œuvre, mais ce n'était pas pour lui un exercice. Jack était un homme qui voyait grand, et c'est pourquoi les gens l'aimaient. Il était optimiste pour les choses réalisables, mais certains de ses vastes plans ne pouvaient être défendus soit à cause de la modicité de nos moyens soit en raison d'un manque de temps. Avec le plus grand respect, nous regardions Jack d'un air entendu et lui disions, par exemple : « Nous pourrions faire ceci ou cela, ou nous pourrions remporter prochainement un autre niveau de sièges pendant la présente campagne… » Vu que Jack était aussi pragmatique qu'idéaliste et plein d'empathie, il appréciait fort heureusement l'ancrage que lui offrait son équipe en se tenant à sa disposition.

Ceux qui connaissaient bien Jack avant qu'il ne devienne un chef de parti m'ont refilé un bon conseil sur la manière de gérer son surplus d'idées. Ils me recommandèrent de recourir à ce qu'ils appelaient « la règle de trois ». Lorsque Jack avait une idée que nous jugions impossible à mettre en pratique, trop coûteuse, demandant trop de temps, politiquement problématique ou parfois un peu folle, nous l'ignorions une première fois, puis une seconde fois, et attendions qu'il nous sollicite une troisième fois. Il savait pertinemment que toutes ses idées n'étaient pas forcément géniales et qu'il fallait qu'elles soient en quelque sorte filtrées. Il appréciait nos efforts mais nous mettait également à contribution. Au cours de la dernière année, lorsqu'il tenait vraiment à réaliser un projet, il nous disait, toujours avec fermeté et l'œil malicieux : « Voilà trois fois que je vous en parle. Certes, je connais "la règle de trois", mais je tiens vraiment à ce qu'on passe à l'action… Vu ? »

L'esprit de famille
par Nancy Layton

Jack déménagea à Toronto pour étudier à York au début des années 1970, tandis que je restai à Montréal où je fis carrière dans l'enseignement. Comme cela arrive dans toutes les fratries qui se dispersent, nous nous rencontrions lors de fêtes de famille et gardions le contact au moyen de sporadiques coups de téléphone, car chacun se trouvait accaparé par ses occupations.

Cela changea lorsque Jack me demanda de l'accompagner au cours de la campagne électorale fédérale de 2008. Je devais être son « assistante personnelle », un poste au titre moins important qu'il n'en avait l'air. Puisque sa femme Olivia Chow faisait campagne pour son propre compte, Jack avait besoin de quelqu'un pour s'occuper des questions non politiques, comme ses vêtements, ses bagages, ses repas, etc. Ce fut une expérience intéressante mais épuisante. Les journées étaient longues, les nuits, plutôt brèves, et, dans l'avion, Jack avait ajouté une autre guitare à sa collection. Il semblait apprécier le fait d'avoir un membre de sa famille avec lui, même si nous n'avions pas beaucoup de temps à passer ensemble.

Dans les mois qui suivirent, Jack appelait souvent pendant qu'il était en route pour un événement ou lorsqu'il attendait dans un aéroport (mais seulement après avoir téléphoné à notre maman). Il appréciait partager les hauts et les bas de la vie politique à Ottawa et voulait toujours avoir des nouvelles de nos existences dans l'Estrie.

En février 2011, avec des rumeurs d'élections dans l'air, Jack me demanda une fois de plus d'être son assistante personnelle, ce que j'acceptai. Je ne savais pas alors que je serais appelée à jouer un rôle beaucoup plus important, car juste avant l'annonce des élections Jack eut à subir une chirurgie de la hanche. Comme j'avais enseigné l'éducation physique pendant plus de vingt ans, il voulait que je surveille les traitements de physiothérapie dont il avait besoin au cours de sa convalescence.

Jack et moi passions une heure chaque jour dans un gymnase, le plus souvent la salle de mise en forme d'un hôtel. Nous visitions aussi les salles de gym de plusieurs YMCA et, à Thunder Bay, Jack eut droit d'utiliser les nouveaux locaux de conditionnement physique de la Gendarmerie royale du Canada. Au début, il s'agissait surtout d'exercices de raffermissement et d'élongation mais, au bout d'une dizaine de jours, un physiothérapeute se joignit à nous et permit à Jack d'utiliser une machine elliptique pour la première fois. Jack était tout ému de pouvoir refaire des exercices de cardio. Pendant ces entraînements, Jack et moi en profitions pour discuter et rattraper le temps perdu. Nous partagions des souvenirs d'enfance, de nos parents, de nos frères et de la famille élargie. Alors que la campagne se déroulait, nous étions émerveillés de la réponse positive des Canadiens à l'appel de Jack et de son message.

Le soir de l'élection, après avoir célébré les résultats sans précédent du NPD, Jack et moi sommes retournés à l'hôtel. Nous étions tous deux ravis d'apprendre qu'à la fin de la campagne la canne qu'il utilisait était devenue un accessoire et non pas une nécessité. Comme pour les 40 soirs précédents, nous avons échangé une fraternelle accolade en guise de bonsoir. Je garderai toujours en mémoire les moments passés auprès de Jack au cours de son accession au poste de chef de l'opposition officielle, mais je garde un souvenir encore plus vif de nos accolades. Merci, grand frère !

La musique adoucit les mœurs
par Joe Mihevc

Je me souviens du premier barbecue organisé après que Jack eut annoncé qu'il se présentait comme chef du NPD en 2002, car cet événement se déroulait chez moi. Voulant que cette fête soit mémorable, j'avais invité le pasteur Hernán Astudillo, une personnalité bien connue à Toronto, pour nous jouer de la musique latino-américaine. Il faut dire que Jack aimait beaucoup la communauté latino et que celle-ci le lui rendait bien, car il dénonçait les violations des droits de la personne qui avaient eu lieu au cours des sombres années 1980 et 1990 en Amérique latine.

Le pasteur était accompagné d'un orchestre au grand complet ainsi que d'une troupe de danseurs, et ma cour débordait de monde. La musique et la danse régnèrent en maîtres, mais nous bénéficiâmes d'avantages marginaux. En effet, quelqu'un me confia que plus de 200 cartes d'adhérents du NPD furent signées ce jour-là – un record pour cette campagne de recrutement !

En campagne chez les Terre-Neuviens
par Marilyn Churley

J'ai grandi à Terre-Neuve-et-Labrador et je peux dire que j'ai eu l'occasion de me trouver à Saint-Jean à plusieurs occasions alors que Jack y faisait halte. La rencontre qui m'a le plus marquée fut celle qui eut lieu pendant la course à la direction du NPD en 2003. J'étais alors chef adjointe du NPD de l'Ontario et coprésidente de la campagne nationale au leadership de Jack. Par conséquent, j'usais de mon influence chaque fois que je pouvais me rendre utile.

Les premiers jours de la campagne, nous avions une rude pente à remonter. J'avais plusieurs amis à Terre-Neuve-et-Labrador, dont Bruce Pearce et Shawn Silver, les âmes de la campagne locale. Un autre ami, Jack Harris, était alors le chef provincial du NPD. Même si ce dernier soutenait la candidature de Bill Blaikie à la direction du parti, il accepta d'organiser une fête chez lui où il présenta Jack de bonne grâce à ses nombreux invités – une preuve de la bienséance et de la loyauté de Harris, de même que du charme que Jack savait si bien déployer en toutes les circonstances. Après la soirée, nous avons emmené Jack au Ship Inn, un pub sur la rue Duckworth, où nous avons écouté de l'excellente musique locale. Si ma mémoire ne me trahit pas, je crois que plus tard nous avons traîné dans les bars de la célèbre rue George et que, dans l'un d'eux, Jack fut « screeché », c'est-à-dire qu'il dut embrasser la tête d'une morue et boire d'un coup un verre de screech, du rhum fabriqué à Terre-Neuve.

1, avenue Renfrew

par Di McIntyre

Pendant les sept années où mon cousin Jack vécut dans ma maison d'Ottawa, il la surnomma la « Stornoway du NPD », en référence à Stornoway, la résidence officielle du chef de l'opposition dans la capitale. Après avoir été choisi comme chef du NPD en 2003, Jack avait besoin de rester à distance de vélo de la Colline parlementaire. Après que nous eûmes visité plusieurs appartements, il me demanda s'il pouvait déménager chez moi et récupérer la vieille chambre de son papa. Robert E.J. Layton, dit Oncle Bob, mon parrain, avait vécu là durant son dernier mandat comme député conservateur avant de se retirer de la vie politique. J'étais ravie d'accueillir Jack, car cela me donnait l'occasion de le voir fréquemment malgré son emploi du temps très chargé.

Jack était très facile à vivre. De nature très positive, il appréciait le confort d'un foyer, car sa chambre lui offrait une retraite paisible les jours les plus fébriles. La plupart du temps, il s'en allait de bonne heure pour une entrevue ou une rencontre sur son vélo ou en taxi. Nous ne nous parlions guère le matin car il était souvent occupé avec son BlackBerry ou par quelque entretien ou conférence téléphonique. Quelquefois, il parvenait à trouver suffisamment de temps pour s'asseoir à la table de la salle à manger afin d'y boire une tasse de café fort et manger un bol de fruits frais et du yogourt avec parfois un peu de céréales à grains entiers. Il me remerciait toujours lorsque je lui servais son petit-déjeuner et me faisait remarquer que je n'étais pas obligée de me déranger. Je ne peux compter le nombre de fois où il me dit que je faisais la meilleure salade de fruits et le meilleur café au pays.

Les seules exigences en fait d'ameublement dans sa chambre se bornaient à un bureau et à un clavier de piano. Il trouvait parfois le temps de pianoter, mais je ne pense pas qu'il utilisa beaucoup le bureau, car ses heures libres étaient limitées.

Lorsque Jack arrivait tard, il filait droit à la cuisine pour voir ce qu'il y avait dans le réfrigérateur. Il aimait les soupes maison, surtout celles faites par AhMa-Ho Sze Chow, la mère d'Olivia. Je laissais parfois une marmite de soupe mijoter, qu'il appréciait tard le soir ou au petit-déjeuner. Il aimait aussi le beurre d'arachide qu'il consommait à la cuillère et dont je faisais des provisions. Je gardais également au frigo des bouteilles de Smithwick, l'une de ses bières favorites.

Parfois, nous avions la possibilité d'échanger des nouvelles de la famille en nous détendant devant le foyer avec un verre. Parfois aussi, il jouait quelques accords de guitare et j'avais l'exclusivité d'une chanson qu'il interpréterait le lendemain aux journalistes de la tribune parlementaire. Ainsi s'écoulaient les journées à la maison pendant la semaine. Il passait les fins de semaine à Toronto ou voyageait au pays.

J'étais ulcérée lorsque la presse tenta de rabaisser Jack en lui accolant de manière simpliste le surnom de « Jack-le-souriant », comme si sourire était le signe d'une tare. Jack souriait d'abord de manière intérieure et non pour impressionner la galerie. Cela faisait partie de sa personnalité. Toujours optimiste, ne se plaignant jamais, toujours intéressé par les nouvelles perspectives et sensible aux nouvelles idées, pendant toutes les années où il a vécu chez moi, je ne l'ai jamais entendu proférer des méchancetés sur qui que ce soit. Il trouvait toujours quelque chose de constructif à dire sur une personne, même s'il ne partageait pas ses idées. Je souhaiterais qu'on puisse cloner Jack Layton et saupoudrer le monde de son affection pour l'humanité !

Alors que Jack habitait à la maison, ma fille Leia est revenue y vivre après un séjour à l'étranger. Leia a toujours apprécié Jack et celui-ci semblait ravi d'avoir des discussions de nature universitaire avec elle sur nombre de sujets qu'elle étudiait dans le cadre de son programme de lettres à l'Université Carlton. Un soir, leur discussion fut particulièrement animée, car Leia avait lu des œuvres de Charles Taylor et était impressionnée par le fait que le professeur Taylor avait été le directeur de thèse de Jack à l'Université McGill.

Tous les soirs, Jack appelait Olivia, sa confidente et âme sœur, avec qui il partageait des informations sur leur journée et leurs projets communs. La conversation semblait toujours prendre fin par quelques mots en cantonnais. Lorsque Jack était à Ottawa et qu'Olivia était conseillère municipale à Toronto, il disait souvent combien elle lui manquait. Inutile de préciser qu'il fut enchanté de la voir élue au Parlement.

Alors que je leur cherchais un appartement, je fus heureuse lorsqu'ils me demandèrent s'ils pouvaient rester chez moi. Nous avons donc repeint la chambre principale de la maison selon le choix d'Olivia, en jaune de cadmium. Pendant trois ans, Olivia et Jack partagèrent ma maison avec deux bicyclettes pour les amener à la Colline parlementaire lorsque le temps le permettait.

Avec la grève des chauffeurs d'autobus à Ottawa, qui s'éternisa de 2008 à 2009, il devint difficile de trouver des taxis. Jack et Olivia décidèrent donc de prendre un appartement près du Parlement afin de ne pas avoir à compter sur les transports en commun pour aller travailler et être plus près de l'aéroport. Ils avaient pris la bonne décision, mais ils me manquèrent.

Jack, mon voisin de banquette

par Libby Davies

La Chambre des communes est un endroit très particulier. Les visiteurs dans les galeries réservées au public peuvent voir 308 députés assis deux par deux devant des pupitres en bois à surface mobile, rappelant ceux des écoliers d'autrefois, engagés dans une âpre bataille de mots et ne s'admettant jamais vaincus. Le public peut écouter leurs délibérations au moyen d'écouteurs.

On peut dire que la période de questions se déroule de la même manière chaque jour en Chambre : pendant 45 minutes, l'opposition met le gouvernement sur la sellette tandis que les ministres font tout ce qui est en leur pouvoir pour s'abstenir de répondre aux questions. Il existe un aspect routinier dans cet exercice, mais l'intensité des débats pendant ces 45 minutes cruciales, et l'ensemble de la préparation et de l'attention portée aux détails, montrent son importance dans la politique canadienne. Les enjeux de notre performance sont très importants aux Communes. Nous pouvons nous montrer impitoyables dans nos jugements respectifs et il nous faut composer avec la surveillance des médias.

En qualité de leader parlementaire et d'adjointe de Jack Layton, je fus sa voisine de banquette pendant huit ans. Même si je le connaissais déjà depuis 20 ans, cette fréquentation me donna une perspective inédite de sa personnalité et de sa manière de travailler. Je me souviens de la première question que Jack posa au cours de la période de questions. C'était le 6 octobre 2004 lorsqu'il se leva à titre de député nouvellement élu de Toronto-Danforth. Sa question portait sur l'urgence provoquée par les changements climatiques. Il mettait en évidence les promesses non tenues et l'absence d'action du gouvernement, alors dirigé par le Parti libéral. Exprimée non sans quelque appréhension, sa question fut crédible et bien formulée. Je me rappelle avoir été également nerveuse. Assise à sa gauche, je devins très familière avec sa position de dos alors qu'il se tournait légèrement à droite pour faire face au gouvernement et au président de la Chambre.

Les années passant, et quelque 1 500 questions plus tard, je dirais que ces 45 minutes devinrent pour moi des fenêtres par lesquelles je pouvais mieux discerner les sentiments et les pensées de Jack. Peu importe ce qui pouvait se passer, il prêtait toujours une attention particulière à Olivia, assise devant nous. Il écoutait attentivement ses questions et disait toujours avec fierté combien elle avait bien travaillé sur des dossiers particulièrement délicats. Je me souviens d'une fois où il me demanda si je pensais qu'il exagérait en voulant souhaiter un joyeux anniversaire à Olivia en pleine Chambre. Comme je lui avais répondu que le moment était mal choisi, il s'en était abstenu.

Je le vis flotter dans ses vêtements lorsqu'il perdit du poids et constatai combien il lui était difficile de se tenir debout lorsqu'il souffrait, bien qu'il ne le laissât jamais paraître sur son visage. Il posait toujours l'un de ses pieds sur la tablette se trouvant sous son pupitre et alignait soigneusement ses stylos et ses papiers sur la surface inclinée du meuble. Il demandait toujours de l'eau « sans glaçons » et se montrait affable et amical avec les pages et toute personne passant près de lui. Il dédicaçait des photos, des livres et des textes pour le public (et tout spécialement la députée du NPD Carol Hugues, qui lui avait réservé un stylo particulier à cet effet). Son besoin méticuleux du détail en cas de vote et le fonctionnement intrinsèque de la Chambre faisaient en sorte que je devais être prête à toute éventualité pour ce qu'il pouvait me demander. Jack détestait le chahut, peu importe de quel côté de la Chambre il pouvait provenir. Il grommelait parfois : « Je ne comprends pas ce qu'ils répondent. Dis aux nôtres d'être moins bruyants… » Alors je faisais de mon mieux pour calmer « les boys » de notre formation et faire remarquer l'inutilité du vacarme lors des réunions des leaders parlementaires.

J'ai appris à ne pas lui parler avant ses questions, alors qu'il préparait soigneusement son texte, surtout lorsque celui-ci était en français, mais il saluait toujours les gens et souriait, peu importe combien la journée avait pu être pénible. À la suite de ses questions, nous avions de brèves conversations n'excédant pas les 30 secondes, car nous prêtions toujours l'oreille à ce qui se passait en Chambre pendant que nous échangions des informations pertinentes comme « Qui fait quoi ? », « Quels sont les problèmes ? » ou « De quoi avons-nous besoin pour assurer les suivis ? » Il me guidait souvent pour que je puisse poursuivre un projet particulier, avant de nous quitter pour participer à la mêlée journalistique après la période de questions. Nous parlions également de choses personnelles et je comprenais alors combien il possédait une énorme capacité à garder l'information. De plus, tout ce qu'il jugeait pertinent était enregistré dans les notes de son BlackBerry, où il pouvait les retrouver facilement. Nous faisions aussi des blagues. Chaque fois que je lâchais un gros mot et m'excusais, il me disait en grimaçant un sourire : « Laisse tomber... »

Avec les années, ses questions et les débats qu'il soulevait devenaient de plus en plus sentis, mieux préparés, et dans sa propre voix on pouvait discerner son grand potentiel à diriger un jour le gouvernement. Lorsqu'il parlait, nous écoutions tous, non pas par obligation mais parce que nous savions qu'il s'adressait à nous ainsi qu'à tous les Canadiens avec réalisme, espoir et conviction. Certaines de ses meilleures allocutions étaient destinées à son caucus, en privé. Jack était un incroyable rassembleur et la facilité qu'il avait de toucher les membres de son équipe et de nous unir, surtout pendant les périodes difficiles, constituait la vraie caractéristique de son style de leadership. Il a d'ailleurs toujours affirmé que son caucus faisait partie de sa famille élargie.

Je me souviens de trois exemples qui, parmi tant d'autres à la Chambre, illustrent sa personnalité et sa force.

Sur une note humoristique, il y eut en 2006 sa fameuse phrase qui souleva un rire général en Chambre : *Cancel the subsidies to big oil, big ass, uh, big gas...* (lapsus provoqué par la proximité des mots *ass* [postérieur] et *gas* [essence]. « Arrêtez de subventionner les grandes pétrolières, les gros culs, euh... les magnats de l'essence... » Le premier ministre releva le lapsus avec esprit en répondant qu'il « explorerait le fondement de cette affaire ».) Jack s'assit et déclara qu'il n'en revenait pas d'avoir commis ce mauvais jeu de mots. Je constatai qu'il ne trouvait pas cela drôle alors que tout le monde s'esclaffait. Je le rassurai en lui disant que cette bourde était plutôt amusante et que les gens la trouveraient bon enfant. Il acquiesça, non sans scepticisme, mais la suite prouva que la population rit de bon cœur et apprécia cette involontaire allusion à l'influence des gras conglomérats pétroliers sur l'économie.

En 2008, nous participâmes à une véritable journée historique. Le 11 juin, le gouvernement canadien présenta ses excuses aux anciens élèves des pensionnats indiens. Jack avait travaillé avec acharnement depuis un an et demi pour que le gouvernement assume pleinement ses erreurs du passé. Il parvint également à éviter l'application d'une stricte procédure parlementaire qui était censée empêcher les chefs des Premières Nations, des Inuit et des Métis d'être présents à la Chambre des communes pour recevoir les excuses qu'on leur présentait.

Je crois que le discours de Jack au Parlement ce jour-là constitua un moment décisif dans sa carrière. Il n'était plus le chef besogneux d'un parti de quatrième ordre, mais un leader pour tous les Canadiens. Il leur faisait prendre conscience des vicissitudes de leur histoire, entachée de racisme et de colonialisme, et les exhortait à aller de l'avant. Ce discours venait du fond du cœur et se révélait capital. Il reflétait les efforts de Jack pour établir des relations importantes avec les peuples autochtones et comprendre leurs problèmes selon leur point de vue afin de leur donner plus de poids et de signification. Il disait notamment ceci :

Pendant que nous parlementons ici, des milliers d'enfants autochtones n'ont pas d'écoles convenables. Il sont privés d'eau potable, d'aliments sains, de lits, de soins de santé adéquats, de sécurité, de confort, de terres et de droits civiques. Nous ne pouvons plus nous contenter de lever les mains au ciel, d'un air affligé, en nous disant : « Nous n'y pouvons rien… » Si nous tenons à prendre nos responsabilités et à travailler vers une réconciliation avec ces personnes, nous devons être fermement résolus à agir de concert pour régler ce problème.

Ce jour-là, en Chambre, nous avons constaté la capacité qu'avait notre chef de s'adresser avec éloquence et persuasion au peuple. En plein dans son élément, il utilisait les institutions démocratiques pour nous rapprocher de la justice sociale.

À plusieurs occasions, Jack recourait à l'humour et à son charisme pour communiquer avec les gens. En juin 2011, durant l'interminable obstruction parlementaire sur la législation du retour au travail des employés de Postes Canada, alors en lock-out, Jack incita son tout nouveau caucus de 103 membres représentant l'opposition officielle à s'engager dans le débat avec intensité et passion. Jack a parlé – et nous avec – pendant 58 longues heures. Même alors, tandis que le soir tombait, qu'il accusait des signes de fatigue et souffrait probablement, il fit preuve d'humour et de compassion. « Avons-nous le droit de chanter ? demanda-t-il au président de la Chambre et aux autres députés. Je crois qu'à l'occasion cela allégerait le ton des débats… » Nous nous sommes tous déridés et l'avons applaudi.

L'amour de Jack pour le Parlement reflète son histoire personnelle en cet endroit et la fierté d'avoir vu son père l'y devancer. L'un de mes souvenirs favoris se rattache aux couloirs de marbre du sixième étage du bâtiment central, près du bureau de Jack. Ces couloirs sont d'ordinaire fort tranquilles et déserts, même dans un établissement aux activités plutôt fébriles. Alors que personne n'était en vue, j'entendis quelqu'un siffloter allègrement au coin du couloir. Alors que j'approchais, j'aperçus Jack sifflant tout seul, comme s'il s'en allait taquiner la truite. Nous avons ri et discuté pendant quelques minutes, puis il a poursuivi son chemin.

Je souhaiterais aujourd'hui pouvoir me souvenir de la chanson qu'il sifflotait...

Des fusils et des hommes
par Dick Proctor

« Il me faut six votes et je n'ai aucune idée où les trouver... »

C'était un superbe vendredi après-midi de la fin août 2010. Jack Layton et moi étions assis dans sa cour à Toronto en train de discuter du registre des armes d'épaule et de l'annonce par le gouvernement conservateur de tenir un autre vote pour l'abolition de cette liste gouvernementale d'armes de chasse. Michael Ignatieff, le chef libéral, avait annoncé pour sa part que son caucus avait reçu la consigne de voter à l'unanimité pour le maintien du registre. Il en était de même pour les députés du Bloc québécois. Rappelons que le projet de loi C-68 établissant le registre avait été promulgué rapidement à la suite de la tuerie de l'École Polytechnique, le 6 décembre 1989, lorsque 14 étudiantes avaient été assassinées par un tireur fou.

Avec moins de la moitié des sièges à la Chambre des communes, les conservateurs ne pouvaient éliminer le registre seuls. Les libéraux et les bloquistes étant opposés à l'unanimité, il était évident que les six votes dont les conservateurs avaient besoin devaient venir des membres du quatrième parti au Parlement, autrement dit du NPD, une possibilité que son chef voulait à tout prix éviter. Jack avait été le cofondateur de la Campagne du ruban blanc visant à enrayer la violence faite aux femmes et il estimait que le maintien du registre des armes d'épaule constituait un élément important pour atteindre ses objectifs. Il se préparait également aux prochaines élections et savait que tout appui du NPD permettant aux conservateurs d'abolir le registre serait vu de manière négative. Il avait déjà persuadé trois députés de modifier leur vote sur la question, et trouver six autres voix allait s'avérer extrêmement difficile.

Pour comprendre le dilemme de Jack, il faut savoir que les députés devaient voter sur le projet de loi d'initiative parlementaire C-391, proposant d'abroger l'enregistrement des armes à feu sans restrictions. Traditionnellement, tous les partis politiques considèrent ce type de projet de loi comme une occasion pour chaque député de voter en toute conscience sur la législation proposée. Dans ce cas, les libéraux avaient fait faux bond à la tradition. Les groupes et les personnes favorables au maintien du registre avaient félicité le chef libéral Michael Ignatieff pour sa sage décision d'avoir encouragé de la part des libéraux un vote contre son abolition ; par contre, ils critiquaient Jack Layton pour ne pas avoir agi dans le même sens. Afin de court-circuiter l'irrépressible envie qu'avaient les conservateurs de saborder le registre, le chef du NPD devait déployer des trésors de charme, d'énergie, d'enthousiasme et d'adresse envers les membres de son propre caucus.

Le jeune Jack en compagnie de ses cousines Diane et Barbara McIntyre à la résidence d'été des Layton, à Knowlton, au Québec, en 1952.

(Courtoisie de Di McIntyre)

Douze membres de la grande famille Layton à Knowlton vers 1961. Jack est au centre de la photo, la main posée sur l'épaule de son frère cadet Bob.

(Courtoisie de Di McIntyre)

Jack s'entraînait sérieusement pour se classer parmi les jeunes champions canadiens de natation. Sur cette photo, il est âgé de 14 ans. Étudiant, il fit partie de l'équipe de water-polo de l'Université McGill.

(Courtoisie de Doris Layton)

Jack (au centre) avec d'autres membres juvéniles du Club nautique de Hudson, vers 1962.

(Courtoisie de Rod Hodgson)

Page 26

Mention en page 26 du livre de fin d'année de son école secondaire en 1966 :

JACK LAYTON : « Un homme n'est pas ce qu'il pense être, mais il est ce qu'il pense ! » Jack est le président très apprécié de notre Conseil des élèves et un promoteur des activités scolaires. Il arbore toujours un sourire radieux témoignant de l'amitié qu'il porte à tous.

(Courtoisie de Rod Hodgson)

Jack jouant les encanteurs, vers 1986.

(Courtoisie de Debbie Field)

Jack s'adressant à un auditoire en 2005, deux ans après sa nomination comme chef du NPD.

Jack, détendu et en pleine forme, devant ses partisans du Québec, en 2008.

Toronto, 2009 : Jack et Richard Barry jouant les ménestrels sur Danforth Avenue afin de collecter des fonds pour la Fondation Stephen Lewis.

(Courtoisie de Marilyn Churley)

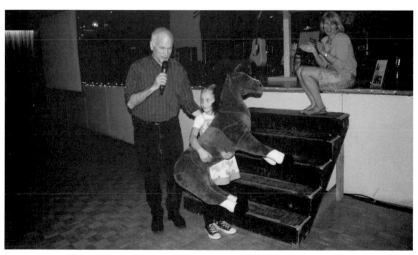

Jack donnant à une fillette un cheval en peluche lors d'une vente aux enchères de la fête de charité *Bebop-a-looza*, en 2009.

(Courtoisie de Susan Baker)

Le 18 avril 2011, Jack Layton donne un point de presse à l'hôtel de ville de Québec. Aux élections du 2 mai 2011, le Québec fournira au NPD près de 60 % de sa députation.

(Bouchecl)

Jack en campagne, peu avant l'élection fédérale de 2011.

Jack célébrant le nouveau statut du NPD, celui d'opposition officielle, en juin 2011.

Jack et Olivia sur la rivière Alsek, à Kluane, en Alaska, en 2008.

Le registre des armes d'épaule est un enjeu électoral au Canada rural à chaque élection fédérale depuis 1995. Malgré six conventions sur cette politique au cours des 15 dernières années, et nos adversaires accusant notre parti d'avoir une opinion sur tout, le NPD n'avait pu en venir à un consensus sur l'existence de ce registre. Cette paralysie était provoquée par le fait que les députés du NPD issus des régions rurales reflétaient l'opinion de leurs électeurs, selon laquelle la législation les visait directement alors qu'ils étaient en très grande majorité des citoyens respectueux des lois. Les campagnards soutenaient que les actes perpétrés par les malfaiteurs des grandes villes ne se produisaient pas à cause des propriétaires ruraux d'armes à feu, d'autant plus que ces derniers se voyaient obligés de payer pour enregistrer leurs fusils. Par conséquent, pour eux, cette législation était injuste.

Il y avait aussi les frais considérables occasionnés par l'administration du registre. Cette situation avait été provoquée par le gouvernement libéral de Jean Chrétien qui avait refusé de forcer les gouvernements provinciaux et territoriaux d'administrer le registre des armes d'épaule dans leurs juridictions respectives. Après 1995, à chaque campagne électorale fédérale, on pouvait voir dans les villages des panneaux s'adressant aux électeurs et leur disant : « Rappelez-vous le projet de loi C-68 ». Par contre, le contrôle des armes à feu n'influait guère le vote de la grande majorité des citoyens vivant dans les zones urbaines. Plus de femmes que d'hommes soutenaient le registre, mais c'était également vrai dans les régions rurales du pays. Pour la plupart des citadins, la position adoptée par le candidat ou le parti pour lequel ils votaient quant à la question du registre des armes d'épaule ne leur causait pas de problème existentiel.

Le parti n'ayant pas adopté de position claire et cohérente sur le projet de loi C-68, les candidats du NPD dans les régions rurales s'étaient enhardis et certains avaient été élus en promettant de saborder le registre des armes d'épaule. Ces candidats siégeaient maintenant au Parlement et il était pratiquement impossible pour Jack de les convaincre de descendre du destrier qui les avait conduits à la victoire. Comment, dans de telles conditions, trouver les votes nécessaires pour maintenir le registre en vigueur ?

Jack avait une éthique que je n'avais jamais vue au cours d'une longue carrière politique. Il refusait catégoriquement, publiquement ou en privé, de dénigrer un membre de son caucus. Il pouvait ne pas être d'accord avec lui mais n'en faisait jamais une querelle personnelle. Dans le tumulte de la vie parlementaire, l'approche que favorisait Jack était tout simplement extraordinaire. Il tournait en dérision le vieux dicton voulant que la différence entre un caucus et un cactus est qu'avec un cactus les épines se trouvent toutes à l'extérieur ! Grâce à cette approche ainsi qu'à son talent et à ses capacités de meneur d'hommes, tous les membres du caucus le respectaient et la plupart lui témoignaient une réelle affection.

Au cours des semaines suivantes, je regardai d'un œil détaché Jack réunir son caucus avant la réouverture du Parlement. Les médias rapportèrent que des membres ruraux du NPD se montraient maintenant favorables pour défendre l'existence du registre. Soudainement, les Canadiens apprirent que Jack avait besoin d'un seul député pour défaire la proposition conservatrice. L'une des lointaines possibilités était que Peter Stoffer, qui représentait une région rurale voisine d'Halifax depuis 1997, se montre favorable à la conservation du registre. En 1997, Stoffer avait gagné de justesse – par 39 votes à la suite d'un recomptage – mais obtint des victoires de plus en plus décisives au cours des campagnes subséquentes. Son mot d'ordre était : « Lorsque vous êtes en campagne électorale, cognez à 600 portes par jour et vous gagnerez... »

L'une des techniques de Peter Stoffer lorsqu'il était à Ottawa consistait à téléphoner à ses électeurs. « Bonsoir, Mme Jones, disait-il, je suis votre député, Peter Stoffer. J'appelais pour vous demander s'il y a des questions de juridiction fédérale dont vous aimeriez discuter avec moi. » On s'imagine l'impact positif qu'un tel appel pouvait exercer sur la réputation du politicien lorsque Mme Jones en parlait le jour suivant à ses collègues de travail. Peter détenait également la palme du député le plus aimé par ses collègues des deux côtés de la Chambre. Il s'était montré consistant quant au registre des armes d'épaule. De 1997 à 2010, chaque fois que la question du registre était soulevée en Chambre,

Peter avait voté pour sa suppression. Il soutenait que c'était ce que ses électeurs voulaient et que ceux-ci ne pouvaient pas se tromper.

Lorsque Jack avait été nommé chef du NPD en 2003, au sein du caucus Peter était critique sur les questions de défense nationale. Il existait entre eux une controverse qui fut réglée de façon si subtile que la plupart des membres n'en surent rien. Peter et Jack avaient pris publiquement des positions divergentes sur des questions de défense nationale. Lorsqu'un journaliste en fit la remarque à Peter, celui-ci répondit : « Jack est nouveau. Il finira par apprendre… » Après avoir lu cette réponse dans les journaux, Jack fit venir Peter à son bureau et le destitua de ses fonctions de critique en matière de défense nationale. Étant donné que Jack avait modifié simultanément plusieurs fonctions de critiques, la destitution de Peter passa inaperçue des autres membres du caucus. Pourtant, une telle mésentente politique aurait dû créer entre les protagonistes un manque de confiance et de bonne volonté difficile à surmonter. Au crédit des deux hommes et grâce à l'attitude de Jack cherchant toujours le bon côté des choses, leurs relations reprirent leur cours.

Sept ans plus tard, Peter Stoffer affirmait que, dans sa circonscription, il a rencontré ses électeurs défendant en majorité la préservation du registre des armes d'épaule et qu'il respecterait leur souhait. Le projet de loi C-391 fut défait le 22 septembre 2010, mais, après avoir remporté la majorité en mai 2011, les conservateurs, toutes affaires cessantes, s'empressèrent d'abolir le registre. Jack avait-il donc travaillé pour rien ?

Cet après-midi-là, dans sa cour, Jack me confia une chose qui, en comparaison, éclipsa toutes les autres nouvelles. Ses médecins l'avaient prévenu qu'il souffrait d'une forme particulièrement virulente de cancer de la prostate, du même type que celle qui avait emporté son père. « Je ne verrai pas ma petite-fille Béatrice grandir, car je ne dépasserai pas les 70 ans », m'avait-il dit. (En janvier 2011, il me laissa entendre que ses médecins contrôlaient dorénavant son cancer, ce qu'il me réitéra à sa dernière conférence de presse le 25 juillet 2011, lorsqu'il m'apprit avoir affaire à une autre forme de la maladie.)

Cinq jours après que la « Vague orange » du Québec eut catapulté Jack comme chef de la « loyale opposition de Sa Majesté », je l'accompagnais à Regina pour le service commémoratif de l'ancien premier ministre de la Saskatchewan, Allan Blakeney. Pendant ce voyage, Jack fit un lien entre la percée historique du NPD au Québec et le vote sur le contrôle des armes d'épaule qui avait eu lieu en septembre 2010. « Lundi, nous avons remporté 59 sièges au Québec, me fit-il remarquer. Si nous avions voté pour l'abolition du registre des armes d'épaule l'automne dernier, nous aurions eu peine à décrocher un seul siège dans cette province. »

Tandis que j'écoutais l'oraison de Stephen Lewis et le sermon du Révérend Brent Hawkes aux funérailles d'État de Jack, qui eurent lieu le 27 août 2011, et sachant combien j'appréciais cet homme brillant et aimable qui allait tant me manquer, je réalisai que notre conversation qui avait eu lieu dans sa cour s'était déroulée il y a exactement un an, précisément à la même heure.

Un plan pour Kyoto

par Peter Tabuns

Peu après les élections de 2004, Jack m'engagea comme conseiller en changements climatiques, car il voulait mettre au point un protocole pour le NPD s'inspirant de celui de Kyoto. Mon travail consistait à prouver que le Canada était capable d'un tel projet et qu'il en avait les moyens. Ainsi commença un processus intensif afin d'organiser un ordre du jour sur une question qu'il considérait comme cruciale, même s'il devait encore se tailler une place sur la Colline parlementaire et regrouper une organisation en vue des prochaines élections.

Nous nous rencontrions chaque semaine pour faire le point et discuter de certains problèmes qui se présentaient. Il était courant pour lui de commencer sa série de réunions à 7 heures 30 et même plus tôt. Vers 22 heures, il venait me trouver dans mon bureau, récupérait son vélo et nous allions déambuler sur la rue Bank entre les tas de neige en passant en revue ce que nous avions trouvé ou ce que le gouvernement libéral faisait (ou ne faisait pas) pour respecter les engagements que le Canada avait pris relativement au protocole de Kyoto. Malgré ses nombreuses obligations, il voyait à tous les détails et avait une mémoire phénoménale de ce qui était arrivé au cours de récentes réunions et des questions qui méritaient un suivi. Vu qu'il travaillait sur les changements climatiques depuis près de deux décennies, il connaissait parfaitement le débat politique ainsi que l'urgence du travail à effectuer.

C'est durant ces promenades nocturnes que Jack exprimait clairement ce dont le pays avait besoin et ce que notre parti devait faire pour inciter les gens à s'éloigner de la voie périlleuse sur laquelle le Canada s'engageait. Pour quelqu'un qui n'était qu'un chef récemment élu, il était impressionnant de voir combien l'environnement était l'une de ses plus importantes préoccupations.

Le temps de vivre
par Michael Goldrick

Quelques jours avant les élections de 2011, j'assistai avec notre candidat du NPD local à un rassemblement politique en l'honneur de Jack. Je n'avais pas vu ce dernier depuis un moment et voulais le rencontrer pour lui présenter mes vœux de bonne santé et lui demander de poser avec notre candidat pour une photo publicitaire. Ce rassemblement était impressionnant, la foule, enthousiaste, et Jack était au sommet de ses capacités oratoires. Je dois confesser avoir hésité avant de le solliciter pour une prise de photo non prévue. Non seulement se prêta-t-il de bonne grâce à cette demande, mais il prit une bonne dizaine de minutes de son précieux temps pour s'entretenir avec moi.

Ce n'est que plus tard que je réalisai que, lors de notre rencontre, il souffrait horriblement. Malgré cela, il avait réussi à prononcer un discours enflammé et pris le temps de s'entretenir avec notre candidat et moi-même. C'est le genre de comportement qui faisait de Jack une personne aussi admirable et un compagnon si bon et si fiable. Dénué de prétention, il était certes ambitieux, mais savait se montrer généreux et attentionné envers ses amis et ce qu'il est convenu d'appeler « le monde ordinaire ».

Le « projet »
par Paul Moist

Jack Layton et moi avons été nommés à nos postes respectifs de dirigeants en 2003. Lui, en janvier, en tant que chef du NPD, et moi, en novembre de la même année, comme président du Syndicat canadien de la fonction publique (SCFP). Mon amitié pour Jack n'a cessé de se développer pendant les années où nous avons été à la tête de nos organisations. En 2003, je ne réalisais cependant pas la profonde influence qu'il allait exercer sur ma vie, mon militantisme et mon leadership.

Je ne connaissais Jack que de loin, par la carrière qu'il poursuivait à Toronto. Puis nous avons eu une longue conversation un beau jour de juin 2002, après qu'il nous eut rendu visite à la Conférence des travailleuses et travailleurs municipaux de l'ouest qui se tenait à Regina. Il m'avait approché lors de cet événement en me disant vouloir me parler d'un « projet », un mot que je devais entendre fréquemment au cours des neuf années suivantes. Il me mentionna qu'il savait que je me présentais à la présidence nationale du SCFP, qu'il connaissait ma carrière municipale et que, étant donné mes racines manitobaines, il tenait pour acquis mon appui à Bill Blaikie.

Pendant les heures qui suivirent, devant quelques bières, il m'expliqua vouloir présenter des militants municipaux fiables, capables de s'engager pour au moins la durée de deux élections. Il parla avec passion de la nécessité pour notre parti – ainsi que pour sa viabilité – d'effectuer enfin une percée au Québec. Il évoqua également le rôle important que le SCFP pouvait jouer dans la structure du NPD. Il se montra réfléchi, érudit, drôle et plein d'idées et, si ma mémoire est fidèle, il prit à peine le temps de souffler. Nous échangeâmes nos coordonnées et nous promîmes de garder le contact. Je ne savais pas ce que cette banale expression signifiait vraiment pour un homme tel que lui, mais je ne tardai pas à l'apprendre.

En novembre de cette même année, il prit la parole lors de notre congrès national à Québec. Sur la tribune, il me chuchota vouloir discuter avec moi d'une proposition.

Nous nous sommes rencontrés quelques jours plus tard et il me fit part d'un plan de financement réalisable d'ici à la fin de l'année, car de nouvelles règles devaient limiter les dons des syndicats et des entreprises aux partis politiques fédéraux. Une partie de ce « projet » prévoyait la collecte de suffisamment de fonds pour acheter un immeuble à Ottawa, un bien qui non seulement pourrait servir au parti, mais qui pourrait aussi être offert en nantissement des prêts nécessaires aux futures élections. Comme bien d'autres, je ne pus dire non à Jack. Il obtint mon engagement pour 250 000 $ de la part du SCFP et je gagnai un sujet à ajouter à l'ordre du jour lors de ma première réunion du conseil exécutif national à titre de président.

En 2004 et 2008, Jack m'appela pour me demander un service. Il sollicitait les services d'Anne McGrath, un membre respecté de notre personnel national. Puisqu'il s'agissait d'une requête en vue des campagnes électorales, Anne ne devait s'absenter que six semaines. La première fois, je dus me passer d'elle pendant un an ; la seconde fois, la demande – à l'origine prétendument courte – se prolongea le reste du temps où Jack dirigea le parti, car Anne devint son chef de cabinet. Je ne laissai jamais oublier à Jack ce « maraudage » et lui fis savoir combien j'étais conscient de m'être laissé jouer un bon tour à deux reprises !

On pouvait communiquer avec Jack Layton à n'importe quelle heure tous les jours de la semaine. Il envoyait d'abord un texto ou un courriel pour confirmer l'heure à laquelle il allait appeler. Étant donné qu'il connaissait passablement mon emploi du temps, ses appels pouvaient avoir lieu avant 6 heures du matin ou après 23 heures et le choix des sujets était plutôt vaste. Par exemple, il m'appela pour parler du budget Martin de 2004 que le parti soutint sous réserve d'aménagements relatifs à la réduction des impôts des sociétés, une initiative représentant quelque quatre milliards de dollars. Puis il y eut le budget de 2005, au cours duquel je pensais que nous allions abandonner l'idée d'un programme national de garderies et, peut-être, les améliorations nécessaires à la santé publique. Je perdis cette bataille, mais les appels ne cessèrent jamais.

En tant que militant aux affaires municipales et ancien président de la Fédération canadienne des municipalités, Jack était un conférencier apprécié lors de l'assemblée annuelle de ce groupe de défense des intérêts des citoyens, qui avait lieu en juin. Lors de sa dernière apparition à cet événement, à Halifax, il me demanda de le rejoindre dans sa chambre. Lorsque j'entrai, il était en manches de chemise et s'enduisait le visage de fond de teint pour masquer sa pâleur. Nous discutâmes de la percée qu'il avait faite lors de la récente élection fédérale. Il tenait à parler de l'avenir, de la façon dont nous pouvions mieux recruter des adhérents et renforcer le parti et ses infrastructures dans les circonscriptions québécoises.

Je l'escortai au centre des congrès. Cela prit 25 minutes pour parcourir en marchant la moitié d'un pâté de maisons, car Jack était assailli en route par une foule de conseillers municipaux et de maires de municipalités. Il se déplaçait avec une canne et paraissait amaigri et fatigué, mais avait du temps à consacrer à tout le monde : le temps de prendre un cliché, de se présenter à notre kiosque pour une photo officielle, de saluer les 2 000 délégués qui lui réservèrent une ovation du tonnerre.

La dernière rencontre que j'eus avec lui se déroula comme la première, survenue neuf ans plus tôt. Je le croisai avec Olivia à l'aéroport d'Ottawa après le débat sur la législation concernant les employés de Postes Canada. Il avait l'air épuisé. Il se nourrissait d'un morceau de pizza, assis sur un inconfortable banc de ciment dans la salle d'embarquement. Ne voulant pas déranger le couple dans son frugal repas, je le saluai de loin, mais Jack ne voulut rien savoir. Il avait des choses à discuter, principalement à propos du Québec. Au cours de nos 10 minutes d'entretien, nous fûmes interrompus quatre fois par des inconnus qui le félicitaient et lui souhaitaient bonne chance. Il réserva du temps à toutes ces personnes sans jamais perdre le fil de notre conversation sur la prochaine phase de notre « projet ».

Après sa conférence de presse en juillet, où il annonçait qu'il combattait à nouveau un cancer et avait besoin de ralentir ses activités pour se soigner, je lui envoyai un courriel. Je ne m'attendais pas à une réponse mais, comme d'habitude, je me trompais.

Il m'écrivit :

Cher Paul,

Alors que nous devons faire face aux prochaines épreuves de ce voyage qu'est la vie, je voudrais vous remercier pour votre fidèle pensée ainsi que pour vos encouragements.

Il est réconfortant de savoir qu'un demi-million de travailleuses et travailleurs du secteur public nous soutiennent d'un océan à l'autre.

Pour remporter la dure bataille à laquelle nous devrons faire face, le « projet » aura besoin de toutes les forces vives que nous pourrons rassembler. Je suis foncièrement persuadé que nous continuerons à progresser et à remporter des succès et que notre vision portera ses fruits.

Prenez soin de vous,

Jack

Être président du plus important syndicat du pays m'a donné de multiples occasions de rencontrer une variété de leaders et de militants dans une foule de pays. Cependant, aucune de ces personnes n'a été pour moi une aussi grande source d'inspiration que Jack. Il était mon chef et mon ami, et je peux affirmer sans hésitation que son « projet » se poursuivra.

L'art d'être grand-père
par Sarah Layton

À l'automne 2008, le soir des élections, l'atmosphère du bar portant le nom curieux de « Guvernment » était survoltée. Après qu'on m'eut demandé d'accorder une courte entrevue avec mon frère pour le compte d'un diffuseur national, je fus heureuse de me réfugier dans une des salles réservées à mon père et aux autres membres de la famille, afin de pouvoir suivre les résultats plus tard ce soir-là. J'étais enceinte d'environ huit semaines, fatiguée, nauséeuse mais néanmoins excitée comme une collégienne. Mon mari Hugh et moi tenions les personnes de notre parenté au courant des nouvelles au fur et à mesure que nous les recevions en cette fin de semaine de l'Action de grâces. Mon père et Olivia furent les derniers à en parler.

Mon père ne m'avait jamais contrainte à fonder une famille, mais il rayonnait lorsqu'il racontait combien il avait aimé passer du temps avec ses grands-parents, dont l'un d'entre eux avait été surnommé « Grand-papa Jack » par la famille. Un été, après un voyage en Colombie-Britannique, mon père avait déclaré que c'était un bel endroit pour y emmener des petits-enfants. Après cela, il fit de subtiles commentaires pour nous faire remarquer combien il était dorénavant prêt à assumer son rôle d'aïeul.

En fin de soirée, Jack et Olivia se joignirent à nous et à d'autres pour suivre les résultats sur deux téléviseurs branchés sur des chaînes de nouvelles concurrentes. Il me demanda comment Hugh et moi allions et si nous nous étions reposés depuis le repas de dinde rôtie que nous avions préparé pour la tournée en autocar, organisée quelques jours plus tôt, dans le cadre de la campagne promotionnelle du NPD. Nous nous préparions à une longue soirée. Il y a toujours de la nervosité dans l'air et beaucoup d'excitation au cours des veillées électorales. Celle-ci ne faisait pas exception mais j'avais la tête ailleurs. Je suis sûre qu'on ne me trouva pas aussi enthousiaste qu'on aurait pu le souhaiter lorsqu'on réalisa que le NPD avait remporté de nouveaux sièges. Je me contentais de siroter mon ginger-ale et de demeurer éveillée.

Après que nous eûmes rejoint la foule dans la salle principale pour écouter les discours victorieux de mon père et d'Olivia, je sentis que le moment était venu de dévoiler mon secret. Papa avait fini d'accorder des entrevues aux médias, passé quelques appels téléphoniques, donné l'accolade aux membres de son équipe et pris le temps de boire un verre de bière. Nous décidâmes de marcher avec lui, Olivia et la garde rapprochée de la GRC qui l'accompagnait au cours de la campagne électorale vers l'auto qui nous attendait. Je jugeai le moment opportun. Tandis que nous nous disions bonsoir, je regardai mon père dans les yeux et lui dit : « Félicitations, Grand-papa Jack ! » Il demeura silencieux, regarda Olivia, puis me fixa en arborant un grand sourire, les yeux humides, et il se pencha pour me serrer de nouveau contre lui.

J'ai entendu dire qu'il versa des larmes de joie à partir du moment où il quitta l'immeuble jusqu'à son arrivée chez lui. Il était prêt à jouer le rôle dont il était le plus fier : celui du nouveau Grand-papa Jack.

Construire des ponts pour le caucus
par Di McIntyre

Jack tenait rarement des réunions chez moi, même s'il y logeait, mais un soir, alors que son emploi du temps était serré, il eut des rencontres qui se chevauchèrent. Un journaliste arriva inopinément (du moins pour moi) afin de mener une entrevue pour laquelle il avait rendez-vous. J'étais au même moment dans ma cuisine en train de servir de la soupe à deux députés affamés. La conciliation de ces activités était d'autant plus compliquée que Jack n'était pas encore arrivé.

Je fis donc attendre le journaliste au salon pendant que Libby Davies et Svend Robinson discutaient tranquillement dans la cuisine. Après l'arrivée de Jack et lorsque son entrevue fut terminée, je laissai les trois amis ensemble. Libby et Svend avaient été les deux seuls membres du caucus à appuyer ouvertement la candidature de Jack à la direction du parti, car ils l'avaient tous deux connu en tant que conseiller municipal et grâce à son travail à la Fédération canadienne des municipalités. Ses deux amis lui étaient d'un grand appui, alors qu'il construisait des ponts pour le reste du caucus.

Jack arriva un soir de bonne humeur et passablement éméché. Il avait passé la soirée au bureau de Bill Blaikie. Ils avaient appris à mieux se connaître en faisant copieusement la bise à un flacon de vieux scotch que Jack s'était procuré. Un autre soir, j'invitai tout le caucus pour un barbecue au 1, avenue Renfrew, alors que le NPD ne comptait que 14 députés. C'était un soir d'été confortable et notre jardin offrait un cadre convivial où chacun pouvait s'exprimer loin des tensions de la Colline parlementaire. J'achetai un gigantesque bac à glace et l'emplis des boissons favorites des invités. Comme d'habitude, Jack était d'humeur plaisante, d'autant plus qu'il était heureux de rencontrer son équipe pour travailler. Je fus présentée à chacun comme « la cousine Di ». C'est sous ce nom que ces personnes me reconnaîtraient, car je suis certaine que la plupart d'entre elles ne savent pas quel est mon nom de famille !

« Rapailler la sagesse »
par Brad Lavigne

Sa famille mise à part, les personnes les plus importantes pour Jack étaient celles constituant son caucus. « Sans elles, nous ne sommes rien », aimait-il répéter. Il avait coutume de dire aux membres du caucus qu'il envisageait la semaine non pas du lundi au dimanche mais d'un mercredi à l'autre, car c'était la journée où le groupe se réunissait. Jack qualifiait ces sessions confidentielles de rassemblement, de « rapaillage de sagesse », car elles offraient la possibilité aux membres de s'exprimer, eux qui prenaient le pouls de leurs circonscriptions respectives et en détectaient les aspirations chaque semaine avec grande précision.

Jack avait hérité cette façon de composer avec le caucus de son père Bob Layton, qui présida celui de Brian Mulroney de 1986 à 1993. Bob décéda seulement huit mois avant que son fils Jack ne devienne chef du NPD. Sa photo était déposée sur le bureau de Jack au Parlement et elle était pour lui une source quotidienne d'inspiration.

Chaque mercredi matin, la chef de cabinet Anne McGrath ainsi que moi-même nous réunissions avec Jack pour jeter un dernier coup d'œil à l'ordre du jour de la réunion ainsi qu'au rapport de Jack par lequel commençait chaque caucus et qui donnait le ton au déroulement des travaux. Il n'y avait là guère d'improvisation. Le rapport récapitulait les faits saillants de la semaine précédente et indiquait les stratégies à suivre pour la semaine à venir. En d'autres termes, Jack indiquait le plan de match de la semaine.

Pour Jack, ce n'était toutefois pas la chose la plus importante. Il avait appris de son père et à la suite de conversations avec le premier ministre Mulroney que la solidarité et la loyauté d'un caucus ne sont pas des avantages qu'on acquiert d'office, mais plutôt de haute lutte et sur lesquels il convient de travailler chaque jour qui passe.

Après la lecture du rapport de Jack se déroulaient d'importants tours de table auxquels prenait part chaque membre du caucus, une façon de procéder qui avait commencé lorsque cette assemblée était restreinte et que chaque député pouvait s'attarder sur un sujet sans contrainte de temps. Le caucus prenant de l'ampleur, la pression augmenta afin qu'on abolisse les tours de table, mais Jack y tenait mordicus et ils se poursuivirent. Il écoutait chaque intervention des députés et prenait soigneusement des notes. Il donnait des travaux à faire à son personnel cadre directement de son BlackBerry afin de s'occuper de problèmes que tel ou tel député mentionnait pendant qu'il prenait la parole.

Ces tours de table étaient suivis de ce qu'il y avait de plus important pour Jack, c'est-à-dire la récapitulation et les dernières remarques. C'est à ce moment que les membres du caucus constataient si leur problème avait été pris en compte. Il n'y avait pas de discours préparé, pas de télésouffleur, pas de réunions de collègues ni de membres du personnel pour fournir les réponses. Jack se chargeait de tout, et c'est l'un des jeux oratoires dans lesquels il excellait. En tant que musicien et politicien, il se montrait le plus souvent parfait et savait exactement quoi dire sur le ton qu'il fallait.

Lors d'une réunion en vue des préparatifs des élections de 2008, un des députés se mit à ergoter sur la montée en popularité d'un petit parti à notre détriment et pria Jack de repenser toute la stratégie pour mettre un terme à cet événement qu'il qualifiait de « cataclysme ». Ceux qui étaient d'accord avec les revendications de cet élu furent assaillis des mêmes craintes et plusieurs députés étaient dans tous leurs états à la fin du tour de table. Jack écouta attentivement et acquiesça d'un air compréhensif. Lorsque son tour vint de parler, il posa son stylo, s'éclaircit la voix et déclara : « Mon vieux moniteur de natation me disait de ne pas me préoccuper du concurrent qui me suivait mais de celui qui me précédait, car c'était lui que je devais battre. J'ai suivi cette stratégie et ai remporté plus de courses que si je ne l'avais pas adoptée. Et c'est exactement ce que nous allons faire au cours de la prochaine campagne ! »

On entendit un soupir général de soulagement, ce qui signifiait que leur chef savait non seulement écouter, mais aussi focaliser sur un problème. Il ne ridiculisa jamais un député ou ses remarques, aussi futiles soient-elles. Il connaissait la force des gens qui se trouvaient autour de cette table. Il savait que tous avaient des choses à dire et qu'en tant que chef il n'en tenait qu'à lui de les mettre en valeur. Voilà pourquoi le caucus était d'une loyauté indéfectible envers Jack et que cette assemblée le suivait dans les âpres combats quotidiens.

L'amour et la politique

par Bill Freeman

Jack prenait soin de lui et veillait sur son entourage. Cependant, rien n'était plus important que l'amour qu'il portait à Olivia. Un jour, durant le premier mandat de Jack comme chef du NPD à Ottawa, je fus invité à un dîner officiel en l'honneur d'écrivains. Jack était présent à ce banquet, coincé à l'une des tables du fond. Après tout, il était le chef du quatrième parti politique à la Chambre des communes. Naturellement, il fut surpris de me trouver là et nous avons discuté. À l'issue de cette conversation, je lui mentionnai que si je pouvais faire quoi que ce soit pour lui, il n'avait qu'à me le demander.

Il me fixa, me prit la main et me dit : « Élisez Olivia ! »

Le mot d'ordre était donné et je ne doute pas que des centaines de personnes l'aient similairement reçu. « Élisez Olivia ! » Jack avait besoin d'elle à Ottawa et c'était à nous de faire en sorte qu'elle y soit. Ce qui fut fait.

Jack et Olivia célébrèrent leur 20e anniversaire de mariage chez Paulette et dans ma maison de Seneca Avenue, sur l'île Algonquin. Le couple tenait à célébrer l'événement sur l'île. Ils s'étaient mariés à l'Algonquin Island Association et se sentaient proches des résidants des îles de Toronto et de leur mode de vie. Ils mentionnaient parfois vouloir devenir comme nous des insulaires, mais je crois qu'il s'agissait davantage d'un rêve que d'une possibilité. Ils étaient bien trop occupés pour se plier aux horaires des traversiers. Peut-être se considéraient-ils davantage comme des insulaires honoraires, car nous les faisions participer à toutes sortes d'événements comme le festival Caribana ou encore des chorégraphies folkloriques typiques. De toute façon, ils tenaient à fêter leur anniversaire dans nos îles et nous étions très heureux de les y accueillir.

Le soir de cet événement, Jack et Olivia se plièrent de bonne grâce aux préparations. La maison était noire de monde et je sais que Jack parla à tous nos invités. Au milieu de la fête, avant qu'on n'entame le gâteau, il donna une allocution politique, car il ne pouvait manquer une occasion de convertir les « non-croyants » en ce domaine. Ce fut un événement enjolivé par l'optimisme communicatif et les paroles d'encouragement du couple.

Cela peut paraître incroyable, mais c'est pourtant la vérité. À la fin de la soirée, après que tout le monde eut pris congé, il restait trois caisses de bière et quelques bouteilles de vin. Jack et Olivia, qui devaient donner une fête quelques jours plus tard, avaient besoin de boissons pour étancher la soif des invités. Ma dernière image de Jack ce soir-là fut celle d'un homme passant les caisses de bière à Ralph, le conducteur du taxi fluvial. Il faisait noir et je craignais que Jack ne tombe à l'eau au bout du quai. Nous avions devant nous le chef du Nouveau Parti démocratique fédéral jouant sans prétention les débardeurs avec des caisses de bière parce que d'autres réunions politiques étaient au programme, qu'il devait remporter d'autres votes et convaincre d'autres électeurs de l'importance des causes défendues par le NPD. Parlez-moi d'un chef !

Jack et la musique

par Sarah Layton

Mon père était l'une de ces personnes qui pouvait attraper une guitare, s'asseoir devant un piano et simplement se mettre à jouer. Il suivait toujours le bon tempo, jouait juste et pouvait interpréter pratiquement toutes les chansons. Bref, il se trouvait dans son élément.

Il faut dire qu'il venait d'une famille de mélomanes. Quelques semaines avant sa mort, nous évoquions les réunions de famille de son enfance et du rôle que la musique y jouait. Lorsqu'il nous parlait des traditions du temps des fêtes, il faisait une pause en se rappelant qu'il chantait aux côtés de son père les veilles de Noël. Bob Layton avait une voix magnifique et n'avait pas peur de la faire résonner avec fougue. Papa la regrettait beaucoup.

Je me rappelle que, dans ma jeunesse, mon père jouait de plusieurs instruments comme la guitare, le piano, l'harmonica, son orgue Layton Brothers et même un peu de saxophone. Chaque fois qu'il voyageait, il ne manquait pas d'inclure dans ses bagages une guitare acoustique ou un piano électrique portatif.

Je me souviens aussi des vitres de notre salon vibrant aux sons d'*Another Brick in the Wall* du groupe Pink Floyd, dont les accords ébranlaient la maison pendant que Jack rédigeait sa thèse. Et il y avait les airs qu'il sifflotait pendant que nous marchions dans la rue. Il sifflait très bien mais s'arrêtait lorsque je fronçais les sourcils ou que mon frère le lui demandait. Je dois admettre que cela était fort pratique, car il avait un air bien à lui qu'il sifflotait lorsque nous étions enfants pour que nous puissions le retrouver dans la foule.

Lorsque les Blue Jays remportèrent la Série mondiale, il ne put s'empêcher de courir dans la rue Yonge, où les gens s'étaient agglutinés, avec le saxophone qu'il venait de se procurer pour jouer l'air populaire *We are the Champions*. Lorsque j'étais adolescente, il se porta volontaire pour chanter autour du feu dans le camp d'été où je travaillais. Un jour, il collecta des fonds pour la Fondation Stephen Lewis, un organisme qui se consacra à la lutte contre le sida, en chantant et en jouant de la guitare dans la rue principale de sa circonscription.

Quiconque a passé quelque temps dans la maison de Jack et Olivia, est allé camper avec eux, a suivi leur campagne électorale ou tout autre événement social du genre ne manquera pas de se rappeler la joie qui régnait lorsque quelqu'un – normalement lui – étrennait une guitare. Il faisait circuler des cahiers de chansons et encourageait le monde à participer. Si vous ne saviez pas chanter, il vous prêtait un tambourin. Je me demande combien de personnes ont appris à interpréter des chansons de marins avec le chef du NPD à la guitare ou encore « Hit the Road, Jack » avec le personnage-titre de la chanson au piano !

S'il ne chantait pas ou ne jouait pas d'un instrument, il dansait ! C'est ainsi qu'on put le voir danser dans les rues lors des festivals Caribana et aux parades de la fierté gaie. Je me souviens qu'il dansa et joua de la guitare à mon mariage. Dieu merci, mes amis eurent la bonne idée de ne pas afficher des photos de cette prestation artistique sur Internet, même si mon père n'y aurait rien trouvé à redire.

Après toute une vie passée à distraire sa famille et à l'inciter à chanter, ce fut finalement elle qui accompagna ses derniers moments en chantant. Nous ne pûmes trouver ses livres de chansons favorites, car il les commandait en groupe et les donnait la plupart du temps à ses parents et amis, mais cela ne nous empêcha pas de faire de notre mieux.

Lorsqu'en août la dépouille de mon père quitta les édifices du Parlement après y avoir été exposée, les cloches sonnèrent la « Dominion March », un air créé par son arrière-grand-père. Jack avait l'habitude de le jouer sur l'orgue familial qui se trouvait dans le salon et il nous racontait alors le riche passé musical de la famille. Tandis que je me trouvais dans l'escalier du Parlement avec les miens, nous eûmes un rire nerveux. En effet, nous n'avions jamais réalisé à quel point cette vieillotte marche patriotique était longue, car nous n'avions jamais laissé Jack la jouer jusqu'au bout. Nous trouvions d'autres airs beaucoup plus intéressants.

« J'aime bien ce monsieur ! »
par Di McIntyre

Les enfants discernaient instinctivement la bonté et la sincérité qui se manifestaient au plus profond de la personnalité de Jack et lui-même les aimait beaucoup. En 2004, il avait prévu se trouver à Ottawa pour l'Halloween afin d'accueillir les enfants à la porte. Il m'avait demandé d'acheter des friandises, mais avait insisté pour qu'elles soient de provenance canadienne, biologiques et sans sucre. Nous pûmes donc présenter des bols remplis de tablettes aux fruits pour les enfants et leurs parents. Jack était ravi de parler aux gamins et de leur poser des questions sur leurs déguisements. Beaucoup d'entre eux se souviennent encore de lui avec émotion.

Alors que je rencontrais par hasard certains de mes voisins lors de la vigile parlementaire en l'honneur de Jack, un enfant de cinq ans, Simon French, avait insisté pour que sa famille soit là « pour lui dire au revoir », même si pour ce garçonnet l'heure du dodo était largement dépassée. En avril, Simon avait regardé le dernier débat télévisé de Jack avec son père et lui avait demandé : « Papa, qui est ce monsieur ? » Lorsqu'on lui avait dit qu'il s'agissait de Jack Layton, il avait répondu : « J'aime bien ce monsieur ! »

Le matin du 3 mai, Simon réveilla son père très tôt afin de savoir si Jack avait gagné. Comme la plupart d'entre nous, le garçon déplora que Jack ne soit pas devenu notre premier ministre…

Du sérieux sans solennité

par Susan Baker

Jack fut mon conseiller municipal puis mon député, et j'ai travaillé pour la plupart de ses campagnes électorales. Toutefois, notre passion commune pour l'organisation sans but lucratif que je dirige, la Riverdale Share Community Association, nous liait. Depuis les dernières 20 années, notre organisation a progressé. Issue d'un groupe de voisins unis pour préparer un concert communautaire de Noël, elle est devenue depuis lors une société caritative comprenant des centaines de bénévoles collectant des centaines de milliers de dollars pour les organismes d'entraide aux familles de notre communauté.

Jack nous découvrit au cours de nos premières années, même avant qu'il ne devienne notre conseiller municipal. Il aimait la musique, l'engagement citoyen et communautaire et croyait fermement qu'il était possible de construire un Canada plus juste une personne à la fois, une communauté à la fois. Il nous incita à suivre cette pensée qu'il avait adoptée sans réserve, comme il le faisait toujours lorsqu'il s'engageait. Il nous présenta à des commanditaires potentiels, écrivit des lettres d'appui et nous assista dans le processus d'enregistrement. Sa plus grande contribution à notre association fut toutefois son temps. Pendant 19 ans, il ne manqua qu'un seul spectacle. Après son élection comme chef du NPD, lorsqu'il passait beaucoup de temps à Ottawa ou parcourait le pays, je recevais des textos du lieu où il se trouvait tandis qu'il se pressait de quitter l'aéroport pour arriver à temps. Une fois sur place, il se pliait de bonne grâce à toutes les corvées : distribuer les programmes, exhorter de la scène les spectateurs à se montrer généreux, chanter, jouer de la guitare, danser, faire l'encanteur et même remplacer notre père Noël de service lorsque ce dernier tomba malade.

Alors que nous préparions notre concert de Noël en décembre 2003, j'appris la veille que notre père Noël habituel était grippé. Nous ne pouvions faire le spectacle sans l'arrivée du père Noël. De plus, à cette période de l'année, il n'y avait pas moyen d'en trouver un pour le remplacer. C'est Richard Barry, du comité des bénévoles, qui nous suggéra, je crois, de mobiliser Jack. Ce dernier était très occupé (quand ne l'était-il pas ?). Il avait été récemment élu chef du NPD et se préparait à se présenter aux élections fédérales dans notre circonscription. Je pensais que, pour lui, jouer au père Noël se situerait très loin dans sa liste des priorités. Je me trompais. Après quelques courriels, nous avions notre père Noël de service ! Même si on ne clama pas sur les toits l'identité de l'homme au costume rouge et à la barbe blanche, beaucoup le reconnurent grâce à sa voix et à son enthousiasme. Il fut le meilleur père Noël que nous ayons eu ; le plus svelte aussi !

Si Jack n'avait pas été un politicien, il aurait pu être un artiste. Il lui suffisait de monter sur les planches pour retenir l'attention de l'auditoire. En 1997, Jack était sur la scène du Danforth Music Hall en train de faire son laïus habituel pour solliciter des dons lorsque nous décidâmes de lui transmettre un message par Olivia, ma fille de cinq ans, qui était déguisée en fée Dragée. Jack prit le message et, l'air de rien, commença à converser avec elle. Il lui expliqua qu'Olivia était le prénom qu'il aimait le plus au monde et que c'était celui de son amoureuse. Ma fille eut un grand sourire et lui répondit que Jack était son nom favori. Il lui demanda pourquoi et elle lui expliqua que c'était celui de son chien ! Cette conversation impromptue, digne d'un sketch, fut maintes fois évoquée au fil des ans par leurs auteurs. Après cela, les gens me demandaient souvent si j'avais appelé ma fille Olivia en l'honneur d'Olivia Chow et mon chien Jack en l'honneur de Jack Layton. Il n'en était rien, bien sûr, mais il faut avouer qu'il s'agissait d'une drôle de coïncidence.

L'année suivante, nous avons demandé à toutes nos personnalités élues de Toronto-Danforth de participer à notre spectacle en improvisant un orchestre de style « bluegrass ». Paula Fletcher, notre commissaire d'école, était une chanteuse émérite ; Jack, notre conseiller municipal, un musicien chevronné ; Marilyn Churley était notre députée provinciale et Dennis Mills, le seul libéral du groupe, était notre député fédéral. Richard Barry, l'ami de Marilyn (devenu depuis son mari), et deux musiciens professionnels complétaient l'orchestre.

Tous étaient vêtus de jeans et de chemises à carreaux. Nous distribuâmes quelques « instruments » comme des cuillers, des planches à laver et des bassines. Jack jouait de la guitare, mais même après quelques répétitions, l'orchestre faisait toujours des couacs. Vers la fin, Jack prit le micro et remarqua de façon allégorique que même si lui, Marilyn et Paula étaient du côté gauche de la scène et que Dennis était du côté droit, il y avait tout de même moyen de jouer de concert. Depuis son décès, j'ai entendu de nombreuses personnes parler de l'admirable don qu'avait Jack de travailler avec une variété de gens aux opinions divergentes.

Jack possédait un incroyable talent de commissaire-priseur et nous n'étions pas la seule organisation à en profiter pleinement. Lors de notre collecte de fonds annuelle du printemps, appelée « Bebop-a-looza », l'encan de Jack constituait le clou de l'événement. Il avait la capacité de vendre n'importe quoi aux enchères et d'en tirer un maximum. C'est ainsi qu'il réussit à vendre 200 $ chacun deux ensembles de lampes de patio à 9,99 $ que j'avais apportés de chez moi pour décorer la table lors de l'encan silencieux !

L'un des moments les plus émouvants eut lieu lors d'un encan en 2009. Le magasin d'accessoires de fête et de jouets « It's My Party », de Danforth, nous avait fait don d'un énorme cheval en peluche. Une fillette de sept ans, Jordan Decker, en demanda 5 $. Jordan avait économisé 20 $ sur son argent de poche, mais elle dut bientôt abandonner lorsque l'enchère grimpa rapidement. Jack encourageait Jordan et je me demandais bien pourquoi puisqu'elle n'était visiblement plus dans la course. La peluche se vendit 200 $, mais lorsque Jack demanda à l'enchérisseur gagnant de venir réclamer son prix, celui-ci fit savoir qu'il voulait en faire cadeau à la petite fille qui avait ouvert les enchères. Tous les regards se portèrent alors sur Jordan qui poussa des cris de joie en étreignant le cheval, qui était plus grand qu'elle. « Je vous remercie, Jack Layton ! » lui dit-elle. « Merci d'être si mignonne ! » répliqua Jack en me faisant un clin d'œil. Il avait tout arrangé pour que cela se termine ainsi.

Après le concert de Riverdale Share, nous organisions toujours une grande fête à la maison pour les bénévoles et les artistes afin de célébrer une autre année fructueuse pour l'organisation. Jack manquait rarement une occasion. Souvent, il disparaissait dans mon bureau pour accorder une entrevue téléphonique ou participer à un appel conférence avant de se faire accaparer par nos invités.

Au fil des ans, il s'était lié d'amitié avec Lolita, ma femme de ménage. Elle savait qu'avant que Jack n'arrive au buffet son plat favori, le jambon au miel, aurait été déjà dévoré par les convives. Aussi, chaque année, elle lui en laissait une portion au chaud dans le four. Lolita et Jack avaient de courtes conversations et il lui demandait toujours des nouvelles de sa famille. Lorsque je reçus une invitation à la cérémonie célébrant la mémoire de Jack, j'emmenai Lolita en guise d'invitée. Il aurait certainement apprécié ce geste.

Pubs

par Di McIntyre

Jack aimait sortir, se détendre et écouter de la musique. Un de ses endroits de prédilection était le Rainbow, près du Marché By, à Ottawa. Un soir, après une réception sur la Colline parlementaire, nous y avons emmené la députée du NPD de Colombie-Britannique Jean Crowder et avons dansé jusqu'aux petites heures.

Parfois, Jack m'appelait le soir et me demandait si j'avais soupé. Que ce soit le cas ou non, il s'agissait d'une occasion de discuter avec lui et je me rendais donc à son invitation. Nous choisissions la plupart du temps le Clock Tower Brew Pub, dans le quartier appelé « Glèbe », où les cuisines sont ouvertes jusqu'à minuit, et leurs salades servies avec du saumon fumé ou des steaks sont toujours excellentes. Nous prenions habituellement place à l'une des tables hautes près du bar. Souvent, même à ses débuts à Ottawa, les gens le reconnaissaient et s'approchaient pour lui faire un brin de causette. Jack était toujours réceptif et disponible, écoutant respectueusement ce que ses interlocuteurs avaient à dire.

La grande séduction du Québec – Étape 1

par Rebecca Blaikie

Un peu avant les élections de 2004, Jack m'appela à mon appartement de Montréal afin de me suggérer de me porter candidate du NPD au Québec. Le ton de sa voix était des plus optimistes. Il me persuada que nous étions en train de construire quelque chose et que ces élections constituaient un pas important vers une percée pour nous dans la Belle Province. L'idée de me présenter ne m'avait pas effleurée, mais Jack trouvait qu'il s'agissait là d'une excellente occasion de faire ma part. Le NPD était pratiquement inexistant au Québec et une campagne, même modeste, ne pourrait que s'avérer positive pour notre présence politique. Lorsque j'appelai mon père pour évoquer cette possibilité, il me dit que, si je décidais de me présenter, je devais m'attaquer à un adversaire de taille. Je trouvai que cela avait du bon sens et Jack adora cette idée. Peu après, je devins donc la candidate fédérale du NPD dans LaSalle-Émard et me présentai contre nul autre que le premier ministre Paul Martin. Même au téléphone, Jack avait l'art de vous faire sentir indispensable au mouvement. Ce fut le début d'un grand partenariat.

Ce que j'appris en tant que candidate au Québec, c'est que si la majorité des gens que je rencontrais lors de mes tournées partageait les valeurs et les idéaux du NPD, très peu de Québécois savaient que ce parti politique existait. Ils commençaient à entendre parler de Jack et trouvaient sa personnalité sympathique, mais il restait encore beaucoup de travail à faire. Inspirée par mon expérience, je continuai à travailler avec le parti et devins directrice de l'organisation de la campagne fédérale de 2006 au Québec. Pendant les trois années suivantes, Jack et moi avons voyagé ensemble pour propager le message du NPD au peuple québécois. Mieux connaître Jack était l'un des aspects les plus gratifiants de ce travail.

L'un des plus beaux moments que je passai avec Jack se déroula lors d'un voyage pour célébrer la Fête nationale à Québec. Jack avait déjà pris l'habitude de commémorer cet événement en prenant part au défilé dans les rues de Montréal, à l'occasion duquel il avait toujours été bien reçu. À l'époque, aucun leader fédéral n'aurait pris le risque de se présenter à cette importante fête.

En 2007, nous étions en pleine stratégie « Séduisons le Québec » et Jack avait décidé de passer deux jours complets dans la Vieille Capitale pour célébrer la fête nationale des Québécois. S'occuper de notre chef dans un environnement festif alors qu'il était au meilleur de sa forme représentait pour moi un privilège et un plaisir. J'eus en effet l'occasion de passer avec lui des moments incroyables au cours desquels il se montra sous son meilleur jour. Capable de passer aisément d'un sujet à un autre, il tirait le meilleur de chaque instant en s'arrangeant toujours pour demeurer engagé et s'intéresser à tous les gens qu'il rencontrait.

Comme lors d'une journée typique, Jack fila directement de l'aéroport vers un 5 à 7 peuplé d'inconditionnels du parti (eh oui ! il en existait tout de même quelques-uns…), de jeunes souverainistes indécis à la recherche d'un autre idéal, de libéraux déçus en quête d'inspiration et de simples fidèles de *Monsieur Layton*. Jack donnait à chacun l'impression d'être important et était sincèrement convaincu que c'était le cas.

Une fois l'opération charme du 5 à 7 terminée, il se mêla à la foule de la Grande-Allée. Ce jour-là, Jack fut surpris de sa propre popularité… et nous aussi ! On aurait dit que toutes les personnes que nous croisions le reconnaissaient, voulaient être prises en photo avec lui, lui serrer la main ou simplement le remercier d'être venu. C'est en de telles occasions que les fruits de nos efforts devenaient perceptibles et cela nous donnait l'énergie nécessaire pour poursuivre notre travail. Notre prochain événement, plus mondain, nécessita un rapide changement de vêtements dans la voiture.

Alors que nous quittions le cocktail, nous fûmes surpris par un orage pendant que nous nous dirigions vers notre voiture. Nicolas-Dominic Audet, notre directeur de la section Québec, vint à notre secours, car il était évident que nous devions emmener Jack quelque part pour se sécher. Nicolas décida de surprendre ses amis, des Tunisiens récemment arrivés à Québec et qui vivaient près de là. Ils n'avaient jamais rencontré Jack et ne pouvaient pas encore voter mais, instantanément, Jack avait accepté de prendre le café chez eux et entamé une passionnante conversation avec nos hôtes. Elle fut si captivante en fait que nous eûmes du mal à l'arracher à ces accueillants Néo-Québécois. L'une des grandes qualités de Jack était que, bien qu'il sache s'adresser aux foules, il se montrait tout aussi efficace avec les petits groupes. Dans une conversation, il écoutait attentivement ce que ses interlocuteurs avaient à dire. Toutefois, son propre rythme le frustrait parfois. En effet, comme il avait le don de s'engager dans des conversations élaborées, se plaçant au-dessus des banalités généralement exprimées dans les circonstances, il se faisait rappeler à l'ordre par un membre de son personnel qui tenait à ce qu'il prenne aussi le temps de s'adresser à d'autres invités lors de rencontres ou d'événements sociaux.

Nos habits séchés, nous prîmes congé. Jack devait assister à un gala sans nous. Il fut renseigné dans la voiture sur les personnalités qu'il devait rencontrer, des points qu'il devait aborder avec elles, des questions qu'elles pouvaient soulever, etc. La politique mise à part, ce fut en réalité le charisme de Jack qui fit merveille à Québec lors de cette visite.

Ceux d'entre nous qui eurent le privilège de travailler de près avec Jack sur le « Projet Québec » trouvèrent ces moments inspirants et motivants. Nous avons pu alors constater la force d'attraction de notre chef et le potentiel incroyable qu'il apportait à notre mouvement.

Ce fut une journée qui se termina non sans émotions autour d'une table dans le Vieux-Port de Québec, alors que nous rencontrions un des candidats qui fera éventuellement partie de la Vague orange de 2011. Ce soir-là, en soupant, nous avons découvert une autre facette de Jack. Nous avons été ébranlés par la sincère tristesse et la rage qu'il ressentait envers les injustices passées et actuelles endurées par les autochtones au Canada. Jack travailla d'arrache-pied pour que le gouvernement présente des excuses pour le scandale des pensionnats indiens. Il s'agissait d'une reconnaissance de faits qui, souhaitait-il, serait le début de nouvelles relations basées sur le respect avec les Premières Nations. Il considérait ces excuses comme le premier pas d'un parcours menant vers la guérison, la réconciliation et l'accès à la justice.

La soirée se termina sur l'autoroute menant à Montréal, notre chef somnolant sur la banquette arrière. Il était important d'être prêts pour le grand défilé de la Fête nationale le lendemain matin. Nous savions que Jack serait chaleureusement accueilli par des milliers de Québécois le long de la rue Sherbrooke. C'est grâce à ces moments de sincérité et à ces contacts chaleureux qu'il comprit vraiment et, par conséquent, ressentit profondément l'affection que lui portait la nation québécoise.

La grande séduction du Québec – Étape 2
par Nicolas-Dominic Audet

En 2011, j'allai à Ottawa durant les premières semaines de la nouvelle session parlementaire. M'étant occupé de la campagne de Roméo Saganash, je m'étais retrouvé à l'écart de mes occupations habituelles. Il faut préciser que je travaillais à l'administration centrale durant les élections de 2006 et 2008.

Me rendre dans le Nord avec mon ami Roméo se révéla un défi et un honneur, mais c'était la première fois que je consacrais intégralement mon énergie à un candidat spécifique. Je me trouvais donc loin de mon équipe et de mes activités électorales habituelles. Heureusement, la tournée de Jack incluait une visite à Val-d'Or, car notre circonscription constituait une priorité.

Cela me fournit une autre occasion de mettre Jack au fait des événements. Qui aurait pu dire que c'était la dernière fois ?

Comme d'habitude, Jack écoutait attentivement et posait les questions d'usage pendant une quinzaine de minutes. Malgré le fait qu'il ait perdu du poids au cours des semaines précédentes, je trouvais qu'il dégageait une formidable énergie. Il fit ce que je l'avais vu faire tant de fois : prononcer un discours convaincant devant un auditoire qui n'en attendait pas moins. Ce qu'on pouvait trouver de nouveau dans le paysage était la foule qui se bousculait pour l'accueillir dans une ville comme Val-d'Or – une indication de ce qui devait se produire le 2 mai…

Puis, à la fin de mai, je revins sur la Colline parlementaire pour prendre part à un événement historique : une photo de groupe des 103 députés du NPD. À cette occasion, je renouai avec de nombreux amis et militants que j'avais rencontrés au cours des six années précédentes et, à la fin de la journée, retrouvai de vieux copains communicateurs. Dans la rue, je croisai Jack, suivi de ses proches conseillers.

Jack savait vraiment mener son équipe et reconnaître à chacune ses mérites. Il me remercia pour le travail fourni au cours des années et me signala que j'avais joué un rôle très important dans le succès de notre parti. Puis il me serra contre lui. Ce fut notre dernière rencontre.

Un changement d'opinion
par Willy Blomme

La première fois que je rencontrai Jack, je fus loin d'être impressionnée. Élevée dans une famille torontoise progressiste, je connaissais et admirais depuis longtemps le travail qu'il avait accompli à l'hôtel de ville avec Olivia. Cependant, lorsqu'en avril de ma deuxième année à l'Université McGill je le rencontrai pour la première fois, je fus plutôt déçue. Il y avait des rumeurs de course à la chefferie au NPD et le nom de Jack était pressenti. Jack devait prononcer une allocution sur l'itinérance devant les militants du NPD de l'université. J'étais alors vice-présidente des Jeunes néo-démocrates du Canada (JNDC). Svend Robinson et le neveu de Jack avaient précédemment orchestré une rencontre entre Jack et moi chez Gert, le bar du campus. À ma grande surprise, je trouvai Jack excessif et prétentieux.

Pendant l'heure que nous avons passée au bar, il me parla sans cesse de certains projets dont il avait pris l'initiative. Désappointée, je le quittai et oubliai cette rencontre pour me concentrer sur mes prochains examens.

Quelques mois plus tard, je me retrouvai à partager un logement avec Jack à Calgary au cours des manifestations de protestation contre le G20. Il n'y avait pas une seule chambre d'hôtel disponible en ville et, puisque j'étais une des organisatrices des JNDC pour cet événement, son personnel m'avait chargée de lui trouver un logement. N'ayant que peu de temps, je mis à sa disposition un billet de logement prévu pour les membres de mon groupe universitaire. Logée dans la même maison que lui, je passai beaucoup de temps avec Jack pendant les manifestations : aux ateliers organisés par les JNDC, où il harangua, assis en tailleur dans l'herbe, une vingtaine de jeunes activistes ; à l'occasion de la grande marche de protestation, alors que des gens venus des quatre coins du pays firent la file pour lui serrer la main et le remercier de l'aide qu'il avait apportée à leurs projets, lors d'un déjeuner, où il rencontra un promoteur local devenu un militant pour aider les sans-abris.

À la fin d'une journée riche en péripéties, Jack et moi nous assîmes tranquillement. Nous avions pour la première fois du temps à perdre en attendant que le C-Train, le transport en commun de la ville, nous ramène chez nous. C'est alors que je pus connaître le véritable Jack. Il commença à me question-ner sur mon expérience à l'Université McGill, me demanda de lui parler des travaux et des cours qui m'avaient particulièrement intéressée. Puis il voulut savoir ce qui m'avait poussée en politique et quelle était ma vision du Canada. Il me demanda mon avis sur l'attitude que nous devions adopter pour faire progresser le pays dans la bonne direction. Tandis que la conversation progressait, je réalisai que je me livrais de plus en plus, car il continuait de m'interroger. Je constatai qu'il ne se bornait pas à soutenir une conversation par simple politesse. Il était authentiquement intéressé par mes propos. Même s'il faisait de la politique depuis bien avant ma naissance, il me traitait comme un de ses pairs, tenait à connaître mes idées et les amalgamer en un remue-méninges pour les mener à terme. C'est alors que je compris que le Jack que j'avais rencontré chez Gert n'était pas un personnage bidon. Il n'avait pas frimé pour impressionner la jeune partisane aux vertes espérances que j'étais. Il était véritablement inspiré par les projets potentiels qu'il défendait et tenait à inciter les autres à embarquer avec lui. Je compris alors combien Jack était un homme à l'énergie débordante, fermement déterminé à faire de notre pays un meilleur endroit où vivre.

En travaillant pour sa campagne à la direction du parti, nous avons tous appris à composer avec l'énergie et certaines idées de cet homme… et parfois à pester contre elles ! Alors qu'il présidait une réunion du personnel politique après plusieurs mois de campagne, le directeur de celle-ci, Bruce Cox, s'exclama soudainement : « Ne me dites pas que Jack a déjà débarqué de son avion ! » Jack avait profité de l'heure qu'il passait dans les airs entre deux événements pour transcrire ses nouvelles idées dans des courriels sur son BlackBerry. À la minute où l'appareil avait touché la piste, il avait appuyé sur la touche d'envoi de son portable et une rafale de nouveaux courriels s'étaient empilés dans la boîte de réception de Bruce. Quelques semaines plus tard, Bruce accompagnait Jack lors d'un voyage de fin de semaine dans le sud de l'Ontario, où trois débats avaient lieu en deux jours. À la fin d'un week-end occupé, Bruce rentrait en voiture, complètement lessivé. Alors qu'ils étaient presque rendus chez Jack, celui-ci demanda : « Pourrais-tu me laisser au prochain coin de rue ? Il y a là une réunion de l'Association des travailleurs chinois du textile et j'aimerais bien aller les saluer… »

C'est à Calgary que j'ai découvert un autre grand talent de Jack. Le matin suivant notre entretien dans la station du C-Train, Jack devait attraper un vol très tôt. Le père de mon compagnon de chambre, un important personnage libéral de Calgary, s'offrit aimablement de le conduire à l'aéroport mais fit l'erreur d'utiliser l'un de ses deux véhicules utilitaires sport. Pendant toute la durée du trajet, Jack ne cessa de critiquer l'abomination que sont les VUS. Curieusement, John fut plutôt amusé des propos imprécatoires de Jack. Ce dernier ne convainquit pas John de changer d'allégeance, mais j'ai entendu dire que John avait tout de même versé des fonds pour la campagne au leadership de Jack. On ne saurait qualifier John de transfuge, mais il avait franchi un pas afin de trouver un terrain d'entente avec l'adversaire – un tour de force que seul Jack était capable de réussir.

La chaise

par Brian Topp

À la fin de la campagne de mai 2011, Jack Layton avait atteint le sommet de sa popularité. Pensez-donc, 103 sièges ! Un statut d'opposition officielle devant les libéraux et les bloquistes ! Il était toutefois épuisé et commençait une fois de plus à se préoccuper de sa santé, car il boitait à la suite d'une opération à la hanche.

Le jour des élections, un silence étrange plana pour notre chef et son équipe. Les événements étaient choses du passé et, dans tout le pays, le NPD était occupé à faire « sortir le vote », à inciter les gens à se rendre aux urnes. L'attente était donc lourde à supporter. Jack passa la plus grande partie de son temps dans la suite de son hôtel, appelant les candidats, se demandant ce qui allait se passer par la suite, s'entretenant avec sa famille, son personnel et son équipe de campagne.

Finalement, au milieu de la soirée, les résultats déboulèrent. Nous entreprîmes une marche relativement lente le long de couloirs interminables, prirent l'ascenseur et suivirent d'autres couloirs pour parvenir au hall de l'hôtel où Jack devait saluer l'avènement d'une nouvelle ère politique.

Nous sommes arrivés trop tôt et avons abouti à un couloir de service avec quelques membres de la famille et du personnel, une équipe de télévision tournant un reportage sur les élections et notre chef. Jack, fatigué par ses longues déambulations et une attente en station debout pendant une quinzaine de minutes, souffrait visiblement.

Nous lui trouvâmes une chaise qu'il refusa d'utiliser. « Je ne saurais m'asseoir alors que tout le monde est debout », déclara-t-il.

Jack avait de solides principes qu'il rappelait par ce geste. Il refusait tout passe-droit et pensait aux autres. Il aurait pourtant fallu qu'il se repose sur cette chaise avant de se présenter debout devant les membres de son parti et le pays tout entier pour applaudir les résultats.

Qu'allions-nous donc faire ?

C'est alors que j'annonçai : « Eh bien ! En tout cas, moi, je ne reste pas debout ! » en m'asseyant sur le sol près de la chaise. Jack répliqua en riant : « D'accord, maintenant nous sommes égaux... » Puis il prit place sur la fameuse chaise.

Le lendemain, des images insolites défilèrent à la télévision avec Jack assis sur sa chaise, moi par terre, et le reste de l'assemblée debout autour de nous. Cette anecdote donne une idée de ce que pouvait être la générosité, l'esprit égalitaire et le sens communautaire de cet homme. Un homme déterminé à vivre le plus possible suivant des principes qui l'animaient.

CHAPITRE 5

L'HÉRITAGE DE JACK

Jack nous a fait plusieurs cadeaux, mais le plus important est peut-être sa manière de nous faire comprendre que la politique peut se vivre autrement que ce qu'on pense.

À une époque où les magouilles politicardes et les mensonges monumentaux sont monnaie courante, où les attaques personnelles et les fausses représentations semblent normales, où la dissimulation d'informations et de ressources sont des manœuvres acceptables et où les mailles du filet de la sécurité sociale se distendent de plus en plus, Jack nous a rappelé qu'il existait d'autres possibilités.

Il nous a montré par l'exemple qu'on pouvait débattre des questions plutôt qu'attaquer les personnes, que la politique pouvait se montrer inclusive plutôt qu'adopter un comportement d'exclusion, que toutes les voix peuvent être entendues et non mises au silence, et que tous les êtres humains – et non seulement les électeurs – peuvent compter dans la société.

Il a été la preuve qu'un honnête homme peut vivre selon ses principes en amour, en amitié et en politique.

Nous avons besoin d'autres personnes comme Jack en ce pays. Nous avons besoin d'autres personnes comme lui dans le monde.

Une douce accolade
par Marilyn Churley

Je savais pertinemment que Jack combattait courageusement le cancer, mais aussi que s'il avait existé quelque possibilité de guérison, il s'en serait sorti. Il était un incroyable optimiste qui n'a jamais perdu espoir de vaincre sa maladie. Comme le disait mon mari Richard, qui avait travaillé pendant des années avec Jack : « On ne lui soumet jamais un problème sans apporter déjà une ébauche de solution. » En effet, la plupart du temps, quel que soit le problème qu'on lui présentait, de concert avec les autres Jack pouvait, faute de proposer des solutions, du moins trouver des compromis. Je suis certaine que jusqu'à sa toute fin il s'attendait à ce que ses médecins et spécialistes résolvent son problème.

Je lui ai rendu visite environ deux semaines avant sa mort. Avant d'entrer dans sa chambre, je m'étais préparée au pire. Il faut dire qu'il n'y avait là rien de rassurant. Sa fille Sarah m'ouvrit la porte et je pus voir Jack assis dans une chaise longue. Il paraissait si maigre et si fragile que j'eus peur d'être prise d'un malaise. Ce fut Jack qui vint à ma rescousse. Ses yeux bleus paraissaient immenses dans son visage émacié et semblèrent briller comme des étoiles lorsqu'il me vit. Il me gratifia d'un grand sourire et, bien que sa voix fût faible, elle était joyeuse et enthousiaste en me disant : « Marilyn, je suis si heureux de te voir ! » On avait l'impression qu'il avait retrouvé sa bonne vieille énergie des jours heureux, mais ce n'était évidemment pas le cas.

Nous n'avons jamais fait allusion à la mort qui le guettait. Nous avons plutôt parlé de nos familles respectives, de nos petits-enfants, et il voulut tout savoir de mon voyage chez moi, au Labrador, effectué en compagnie de mes deux sœurs. Je lui rappelai notre amitié, toutes les choses que nous avions faites et le plaisir que nous avions eu. Nous avons évoqué son héritage et ce qu'il avait accompli, parlé de spiritualité et de sa ferme croyance en une forme de vie après la mort dont il n'avait d'ailleurs aucune idée préconçue. Il me réitéra combien les courriels, les cartes et les cadeaux qu'on lui envoyait l'aidaient à garder le moral durant ces derniers mois pénibles. Il était très clair que sur sa fin Jack se sentit apprécié et aimé grâce aux messages qui lui parvenaient chaque jour des quatre coins du pays. Ils avaient pour lui une grande importance.

Lorsque fut venu le moment de le quitter, je sortis brièvement de la chambre pour me ressaisir et me montrer forte en lui disant adieu, car je n'étais pas certaine de pouvoir être à la hauteur. Lorsque je revins dans la pièce, je retrouvai Jack en train de rigoler en essayant de se tenir debout avec l'aide de Sarah et d'une aide-soignante. Il me dit de m'approcher. Je me dirigeai vers lui en lui demandant si je pouvais l'embrasser. « Oui, mais vas-y doucement », me répondit-il. Nous nous sommes donné l'accolade précautionneusement en nous regardant dans les yeux et en nous souriant sans dire un mot. Nous savions tous les deux que c'était là notre ultime adieu et, sans nous l'avouer, agissions en toute connaissance.

Avant que Richard et moi ne partions pour nos vacances au chalet, je laissai au domicile de Jack une moelleuse couverture orange. Olivia me remercia par courriel et me fit savoir que son mari avait grandement apprécié ce cadeau qu'il gardait près de lui. Nous étions en vacances depuis seulement deux jours quand nous reçûmes un mot d'Olivia nous annonçant que Jack était mort près de ma couverture. Nous sommes rentrés à Toronto afin de retrouver les autres amis intimes de Jack.

J'eus la chance d'être l'une des porteuses honoraires du cercueil de Jack lors des funérailles d'État qui eurent lieu en son honneur. Il aurait sans nul doute apprécié à sa juste valeur cette marque d'estime de la part de la population.

Mon ami Jack me manque, mais je sais que son esprit énergique et tenace demeurera dans notre mémoire une source d'inspiration bien vivante.

Le dernier jour
par Di McIntyre

La dernière présence de Jack sur la Colline parlementaire, le 24 août 2011, constitua un événement plein de tristesse.

On avait demandé à la famille de se présenter de bonne heure. Le personnel de Jack m'avait trouvé une place de stationnement près du bâtiment central et je disposais d'une chaise roulante pour ma mère. Il était émouvant de voir des centaines de personnes faire la file pour signer le livre de condoléances. Quatre d'entre nous franchirent les postes de sécurité et furent escortés vers la grande salle du bâtiment central, où on nous demanda de patienter près du tapis rouge. Après une attente qui nous a semblé interminable, les membres du caucus du NPD arrivèrent et se tinrent d'un air lugubre de l'autre côté du tapis. Certains d'entre eux me firent un signe de tête et Jack Harris traversa le tapis pour apporter un mouchoir à ma mère et lui dire quelques mots. Nous venions de perdre quelqu'un qui occupait une place importante dans nos cœurs, qui nous avait inspirés et encouragés. Il avait disparu si rapidement qu'il n'existait pas de protocole funéraire pour cela.

Au son des cornemuses, porté par des agents de la GRC, le cercueil descendit les marches de l'édifice, suivi d'Olivia, de Sarah et Hugh Campbell avec leur fille Béatrice, de Michael avec sa fiancée Brett Tryon, de Sally Halford, la première épouse de Jack, et du mari de celle-ci, Hedley Roy. Nous suivîmes le cortège et entrâmes dans la salle de l'opposition alors que le cercueil était déposé sur une base. Cela nous donna quelques minutes pour nous entretenir avec Olivia et la famille, puis nous nous sommes recueillis et avons fait nos adieux. Je pris conscience du fait que c'était la dernière occasion de signer le livre de condoléances mais, sur le coup de l'émotion, personne d'entre nous n'y pensa.

Jack n'est malheureusement plus au Parlement pour représenter les Canadiens, mais il nous a laissé des messages importants, entre autres que nous pouvons améliorer le monde si nous aimons notre prochain, gardons espoir et faisons preuve d'optimisme. Que nous soyons jeunes ou vieux, il nous est possible d'aider nos communautés. Nous ne devons pas manquer l'occasion de servir et il est possible de changer les choses si nous travaillons tous ensemble sans préjugés.

Depuis le décès de Jack, des douzaines de personnes m'ont écrit ou m'ont appelée pour partager avec moi les conversations mémorables et les moments formidables qu'elles ont passés avec Jack chez moi, lors d'événements ou encore dans des aéroports. Ces histoires comportent une trame commune, souvent la première occasion qu'elles ont eue de lui parler personnellement. Jack avait toujours le temps de les saluer. Dès qu'il avait fait la connaissance de quelqu'un, il ne l'oubliait jamais. Peu importait le temps entre les rencontres, il se souvenait non seulement du nom de ses interlocuteurs mais des sujets qu'ils avaient abordés ensemble. De plus, Jack laissait toujours les gens sur une note d'espoir en l'avenir.

Du pepperoni frit
par Karl Bélanger

C'était une froide soirée de février, à Sydney, au Cap-Breton. Jack et moi avions passé une longue journée à des activités extraparlementaires.

Nous avions commencé la journée à Halifax, dans une réunion avec le député Peter Stoffer et le contre-amiral Bob Davidson. Puis Jack avait fait un discours devant les Jeunes néo-démocrates de la Nouvelle-Écosse, le tout suivi d'un déjeuner avec les délégués. Après quoi nous nous sommes rendus en avion à Sydney, où nous devions avoir une réunion avec un groupe de retraités de Devco. La soirée se terminait par la « Réception du chef » au Cap-Breton, une levée de fonds conjointe avec le chef du NPD de la Nouvelle-Écosse, Darrell Dexter, au Club des retraités de Sydney.

Je disais donc que la journée avait été longue… Alors que nous nous apprêtions à souffler un peu, Jack me demanda de l'accompagner au pub Crown and Moose de l'hôtel Delta de Sydney, où nous devions dormir ce soir-là. « Nous regarderons une partie, me dit-il. Il y a quelque chose que j'aimerais que tu essaies. »

Jack Layton aimait faire bombance. Il était en forme, faisait quotidiennement de l'exercice et, bien que ne suivant pas un régime strict, consommait néanmoins des aliments bons pour la santé la plupart du temps. Il évitait les excès de pain, de pommes de terre et les saucisses. « Rien de bon ne peut venir de la viande entubée ! » avait-il coutume de dire. Il mangeait de saines portions de légumes et de salades. Au petit-déjeuner, il prenait des fruits, des céréales de grains entiers et du yogourt. Toutefois, en bon vivant, il se laissait parfois aller.

Dans le domaine gastronomique, il avait quelques péchés mignons, comme le bœuf, tout spécialement les côtes. Il aimait la viande. Lorsque Jack est arrivé à Ottawa, il avait découvert le jarret d'agneau au pub irlandais D'Arcy McGee, un plat que son directeur des communications avait (à tort) qualifié de « dégueulasse ».

Quand nous parcourions les Prairies, au dîner ou en guise de casse-croûte, il commandait souvent des côtes au four, une gourmandise qu'il me fit connaître. Il aimait aussi les côtes levées et demanda même à un de ses assistants d'aller lui en chercher à l'International Chicken-Rib Cook-Off de la rue Sparks lors du débat sur la législation du retour au travail des employés de Postes Canada, qui n'en finissait plus de traîner. Il adorait aussi la cuisine chinoise du Nouvel An de sa belle-mère. En fait, il aimait tout ce que cette dame cuisinait.

Quoi d'autre ? Ah ! oui, le beurre d'arachide. « Je pourrais survivre avec ce produit-là… » me confia-t-il souvent. Il était toujours surpris que je ne boive pas de café. Il aimait le sien noir et non sucré. Après qu'on diagnostiqua son premier cancer, il passa au café décaféiné. En fait, tout son régime changea et Olivia surveillait sérieusement les prescriptions médicales. Ce n'est pas que Jack était indiscipliné avant cela, car il savait exactement combien il lui faudrait faire d'exercices supplémentaires pour brûler les calories qu'il avait consommées en trop.

Mais en 2004, au pub Crown and Moose de Sydney, sa santé alimentaire ne lui causait guère d'inquiétudes. Nous nous sommes donc assis et avons commandé une pinte de bière. Jack n'eut pas besoin de consulter le menu. Il avait déjà fréquenté cet établissement au cours de ses déplacements à titre de président de la Fédération canadienne des municipalités. Il commanda donc une assiette de pepperoni. Tout un amuse-gueule !

Au cours des derniers mois, j'avais appris à faire confiance à Jack pour commander des plats. Dans les restaurants chinois, il fallait le voir les choisir de manière à pouvoir les partager, le tout en mandarin, à la plus grande surprise du personnel et de la clientèle. Cette fois encore, dans ce pub anglais, je lui fis confiance et, peu après, un plat de pepperoni frit arriva sur la table.

C'était délicieux, salé, dégoulinant de graisse, très épicé, servi avec de la moutarde au miel. On était loin

d'un repas santé, mais qu'importait, ce plat hyper lipi-
dique était délectable !

Le jour où Jack Layton mourut, nous étions une bande
de néo-démocrates et de sympathisants déprimés rassem-
blés chez Brixton, un de nos lieux habituels sur la rue
Sparks, afin de nous entretenir du disparu. N'ayant pas
arrêté depuis le matin, entre deux entrevues je fis halte dans
ce bistro. Je consultai le menu et me rappelai…

Jack avait réussi à persuader le chef de mettre au menu le
fameux pepperoni de Sydney et avait prêté son nom à ce
singulier concentré de cholestérol.

C'est donc avec un sourire que je commandai un
« Pepperoni frit *à la Jack…* »

Un point de vue des antipodes
par Tim Flannery

« Hé ! Jack Layton voudrait vous rencontrer… Qu'en
dites-vous ? » C'est ainsi que Rob Firing, mon attaché de
presse chez HarperCollins, me signala qu'il avait reçu ce
message sur son portable alors que nous nous trouvions
dans un café. Il semblait impressionné, mais même après
trois tasses de café pour me préparer aux entrevues, le nom
ne me disait rien. Nous étions en 2006 et je venais tout
juste de lancer l'édition canadienne de *The Weather Makers*
(*Les Faiseurs de pluie*). Mon livre s'acheminant rapidement

vers le haut des palmarès de vente, mes journées de promotion avaient dix-huit heures et n'étaient pas facilitées par le
décalage horaire existant entre mon pays, l'Australie, et le
Canada. Mon langage corporel dut traduire mon peu
d'enthousiasme pour une autre rencontre mais Rob insista.
« Je pense être capable de reporter l'entretien à mardi
prochain afin que vous puissiez déjeuner avec Jack », me
dit-il comme s'il avait déjà décidé.

Je m'attendais à rencontrer un politicien comme ceux
que nous connaissons en Australie, quelqu'un d'un peu
retors, espérant peut-être m'utiliser à ses fins. Dès le
moment où Jack entra dans le hall de l'hôtel, je sus qu'il
était différent. Je fus impressionné de savoir qu'il était venu
me retrouver à bicyclette et il ne me parla pas de politique
mais de son engagement dans les actions environnementales et du travail qu'il avait accompli avec son père dans
des projets pour promouvoir l'énergie propre. Il me signala
avoir transmis une copie de mon livre à Stephen Harper en
lui recommandant de profiter de ses vacances pour en
prendre connaissance. Je fus évidemment flatté de la haute
opinion que Jack avait de mon ouvrage et du fait qu'il
estimait que mes arguments puissent influencer l'opinion
des Canadiens sur les changements climatiques.

Lorsque nous nous sommes quittés, Jack me donna un
exemplaire de son livre *Speaking Out Louder*. Ne voulant
pas m'encombrer de biens lors de ma tournée, je demandai à Rob de me le poster. Malheureusement, nous étions
tellement crevés que le livre fut oublié. Ce n'est que des

années plus tard, lorsque je fis parvenir un courriel à Rob pour lui annoncer ma venue à Toronto à l'occasion des funérailles de Jack, qu'il m'avoua avoir encore le livre dans son bureau et qu'il promit de me le remettre à l'occasion de notre prochaine rencontre.

Lors de ma tournée, ma route et celle de Jack devaient encore se croiser lorsqu'il m'invita à prendre part à la convention fédérale du NPD tenue à Québec en septembre 2006. J'en fus évidemment ravi et j'eus l'honneur de partager la tribune avec Stephen Lewis et Malai Joya, une jeune politicienne afghane qui exigeait que le Canada retire ses troupes de son pays, même si ce retrait mettait sa vie en péril. Ce qui m'a le plus frappé dans cette rencontre, c'est l'enthousiasme communicatif de la foule. Ces gens étaient des admirateurs de Jack et enthousiastes dans leurs efforts pour contribuer à créer un monde meilleur.

Après cela, chaque fois que je passais au Canada ou que Jack et moi assistions à des symposiums internationaux, nous faisions en sorte de rattraper le temps perdu. Lors de la conférence COP15 de Copenhague, en 2009, j'eus le privilège de présenter Jack et Olivia à Kevin Rudd, qui était alors le premier ministre de l'Australie. Nous avions tous de grands espoirs sur l'issue de cette réunion et, de prime abord, les résultats nous déçurent. Cependant, en rétrospective, je constate qu'ils constituèrent un tremplin pour les réunions de Cancun et de Durban au cours desquels des négociations furent conclues en vue de la signature d'un traité global aux clauses exécutoires (devant être paraphé en 2015). J'eus souhaité que Jack vive suffisamment longtemps pour assister à ce grand moment et savoir que ses efforts à Copenhague avaient contribué directement à cette entente. Je ne peux que m'imaginer le grand sourire qu'il aurait eu alors.

Chaque fois que je rendais visite à Jack à Toronto, il apparaissait à la porte affublé de son vieux chapeau australien à larges bords appelé Akubra. Je dirais que ce couvre-chef lui allait fort bien. La salle à manger était invariablement remplie de membres de sa famille et d'amis discutant des sujets d'actualité, de l'Afghanistan aux changements climatiques, en passant par les pistes cyclables de Toronto. Jack n'était pas différent en famille ou en public. Il parlait ouvertement, clairement et avec passion. C'était un citoyen et un politicien sans duplicité aucune.

Seul peut-être un étranger peut réaliser combien le Canada avait de la chance d'avoir quelqu'un du calibre de Jack Layton. Ailleurs, la politique est en train de changer. Le populisme sale est en pleine ascension et, avec lui, la rapacité, l'égoïsme et la méfiance. Jack était aux antipodes de tout cela. Il militait passionnément pour le bien commun : l'égalité entre les sexes, le transport public, l'environnement et la place de son pays dans le monde. Il ne se préoccupait pas de ces questions au nom de fumeuses idéologies ou d'idées abstraites. Son point d'ancrage était l'amour de l'humanité, un amour profond des personnes qu'il rencontrait ou qu'il administrait.

Les politiciens qui ne se préoccupent que du pouvoir ont le travail le plus facile du monde. Il leur suffit de dire au public ce que celui-ci veut entendre, des inepties telles que : « Les climatologues ne sont que des scientifiques toqués. Par conséquent, se préoccuper des changements climatiques constitue une perte de temps. » Ou encore : « Les gouvernements ne font que gaspiller l'argent. Toute taxation est donc inutile et il est encore plus oiseux de travailler ensemble pour le bien commun. » Pendant ce temps-là, les médias de droite sèment la panique avec des arguments qui rassemblent des adeptes un peu partout. La grande vague d'égoïsme qui submerge actuellement le monde occidental est issue, je pense, de cette politique du cynisme et de la cupidité. Avec le temps, nos richesses communes sont appeler à diminuer et les services fournis par les gouvernements, de même que la coopération inter-nationale, commencent à s'étioler. Il suffit de regarder le gouffre vers lequel nous conduit ce genre de politique pour que nous nous demandions où tout cela aboutira. Dépouillé de la confiance nous permettant de vivre ensem-ble, le cœur du genre humain prend une apparence bien sombre.

Pour bien des gens dans le monde, Jack Layton repré-sentait un rempart contre le désespoir. C'était la personne qui, par son inébranlable optimisme et son âme généreuse, nous encourageait à nous montrer charitables, confiants et prêts à aider notre prochain pour le plus grand bien de tous. Il n'existe pas de politicien comme Jack Layton en

Australie, aux États-Unis ou en Europe. Il est certain que dans ces régions du monde les partis de gauche ont leurs grands leaders, mais aucun de ceux que je connais ne peut parler aux gens de ce qui les intéresse comme Jack pouvait le faire. D'ailleurs, même des étrangers s'intéressant à la politique canadienne s'inspirent des idées de Jack.

Jack et moi avons souvent parlé de son éventuelle visite en Australie. Il n'était jamais venu chez nous et je suis sûr qu'il aurait aimé ce qu'il aurait vu. Cela se serait également révélé intéressant au plan politique. L'Australie a maintenant légiféré sur sa taxe carbone ainsi que sur une foule d'autres mesures pour lutter contre les changements climatiques, y compris l'établissement d'un fonds global de dix milliards de dollars, des réductions d'impôts pour les plus pauvres et la protection des industries menacées. S'il tient à respecter ses obligations internationales, le Canada pourrait s'inspirer de certaines de nos idées.

Mes visites au Canada ont souvent coïncidé avec des événements politiques. C'est ainsi que j'y retournai en 2011 pour l'élection fédérale. Se rendant d'un événement à l'autre en boitant à la suite d'une opération à la hanche, Jack semblait avoir perdu son apparence de politicien. Il adoptait un ton plus intimiste avec son auditoire et semblait s'adresser de manière personnelle à chaque sympathisant. L'essentiel de son message, peu en importait la teneur, était d'avoir foi en nous et en les autres. Selon l'action politique, il suffit de nous montrer compatissants et responsables envers autrui pour que rien ne nous arrête. Pendant ces quelques semaines de campagne, on avait l'impression que rien ne pouvait arrêter Jack. Si la campagne avait été plus longue, il est possible qu'il aurait pu devenir premier ministre du Canada.

Tandis que Jack poursuivait sa campagne clopin-clopant dans tout le pays et que je faisais la promotion de mon second livre, nous avons essayé de nous rencontrer, car je tenais vraiment à le voir, à lui serrer la main et à lui dire combien je l'admirais. Mais il y avait davantage : je tenais à ce qu'il gagne. Je voyais toutefois combien il était épuisé et me consolais en me disant que je pourrais toujours le rencontrer après sa campagne, lorsqu'il aurait remporté la victoire. Si j'avais pu prédire l'avenir, je me serais assuré de partager un repas avec lui avant mon retour en Australie mais, les choses étant ce qu'elles sont, je ne pus le rejoindre que lors des funérailles d'État en son honneur qui eurent lieu en août 2011 à Toronto dans un Roy Thomson Hall rempli d'amour, d'amitié et de volonté de préserver la flamme sacrée qu'il avait allumée. On aurait cru que Jack n'avait pas disparu mais qu'il parlait dans le cœur de chaque Canadien.

J'étais de retour en Australie lorsque je pris finalement connaissance du livre que Jack m'avait donné lors de notre première réunion en 2006. Au soleil, sur ma véranda, je redécouvrais combien cet homme avait pu être passionné et juste. Il m'avait écrit un message personnel sur la page de garde. Cette dédicace se lisait comme suit : « Cher Tim, mille mercis à toi, mon âme sœur. » Je n'avais pas pleuré à ses funérailles mais mes yeux s'embuèrent en lisant ces mots, même en sachant fort bien que, pour des gens comme Jack, la mort n'est pas la fin du leadership, de l'inspiration ou de l'amitié.

L'espoir en héritage
par Susan Baker

Jack était le symbole vivant de l'espoir. L'espoir se lisait dans ses yeux et lui sortait par tous les pores de la peau. Pendant sa vie, il en distribua à ceux qui croisèrent sa route. Côtoyer Jack vous laissait plein d'espérance et d'optimisme. Lorsque j'ai lu le dernier message de Jack aux Canadiens, je pris conscience du fait qu'il s'agissait là du cadeau qu'il nous avait constamment fait. Il y disait : « Mes amis, l'amour est cent fois meilleur que la haine. L'espoir est meilleur que la peur. L'optimisme est meilleur que le désespoir. Alors aimons, gardons espoir et restons optimistes. Et nous changerons le monde. »

Lorsque Jack démissionna pour entreprendre son dernier combat contre le cancer, il déclara : « Il est important de prendre du recul lorsque la vie nous lance des défis d'un autre genre. » Dans son dernier message, il nous recommanda de chérir tous les moments passés auprès de ceux qui nous sont chers. Je suivis ce conseil et décidai de mettre le Riverdale Share Concert entre parenthèses pendant un an afin de m'occuper de mon propre père qui se mourait du cancer. Il s'appelait également Jack.

Un homme avec un cœur grand comme ça !
par Michael Kaufman

Jack était un personnage livresque. Cela ne veut pas dire qu'il était un de ces infatigables conteurs, mais plutôt qu'il y avait chez lui quelque chose sorti tout droit d'un roman.

Adversaire redoutable, il avait aussi un charme de jeune garçon à la Tom Sawyer. Je me souviens d'être passé chez lui un après-midi d'été au milieu des années 1990. Nous devions, je crois, discuter de la Campagne du ruban blanc, qu'il avait lancée en 1991, ou encore de ma vie sentimentale plutôt agitée. Jack était dans sa cour en train de nettoyer son bassin décoratif. Il avait placé les poissons dans un seau, pompé l'eau et nettoyait le dépôt de boue noire, repoussante, qui s'était accumulée au fond.

Sa corvée devint également la mienne car, quelques minutes plus tard, j'avais ôté ma chemise et mes chaussures et pataugeais dans cette eau fangeuse peu attirante. Jack est ainsi. Il est amusant de travailler avec lui comme il est plaisant de faire de l'exercice physique en compagnie d'un ami avec lequel vous passez la plus grande partie de votre temps à bavarder. Jack avait le don de vous faire sentir chanceux de pouvoir lui donner un coup de main.

J'avais rencontré Jack à Toronto à la fin des années 1980 à l'occasion d'une activité de nature sociale. Il s'agissait de sensibiliser le public contre la violence faite aux femmes. Nous récidivâmes en 1989 lorsque Gord Cleveland et moi mîmes sur pied une campagne nationale unique ayant pour nom *Men for Women's Choice*. Ce ne fut cependant pas avant 1991 que nous nous sommes véritablement connus. C'est alors qu'avec notre collègue Ron Sluser et quelques hommes nous avons créé la Campagne du ruban blanc dans plusieurs villes. Nous adoptâmes une approche novatrice du fait que la campagne était décentralisée, qu'elle ne recrutait pas de membres mais qu'on pouvait la considérer comme un catalyseur pour faire sortir de l'ombre les hommes de bonne volonté afin qu'ils unissent leur voix pour faire cesser la violence que certains de nos pères, de nos frères, de nos fils, de nos voisins et de nos amis infligeaient aux femmes.

Jack et moi formions une fine équipe et, certaines années, nous nous retrouvions bénévoles à mi-temps. Nous avions tous les deux de grandes idées, mais lui avait une curieuse façon de réaliser les siennes, semblable à Robin des Bois. Une journée, il nous annonçait qu'il avait réservé gratuitement un espace de bureau au Centre Eaton, une autre fois, il nous arrivait avec des ordinateurs et une photocopieuse qu'on nous avait donnés à une époque où ce matériel coûtait très cher. Il avait également en lui quelque chose du légendaire joueur de flûte d'Hamelin. Il lui suffisait de parler pour que les gens veuillent le suivre. Je ne parle pas de ses talents de conférencier. Il excellait simplement lorsqu'il se trouvait face-à-face avec un interlocuteur, devant une bière ou lors d'une réunion. Même lorsqu'il montait à la tribune, il avait une manière de parler et d'agir semblable à celle qu'il adoptait en privé que je n'ai retrouvée chez personne. Il entretenait par ses mouvements un contact permanent avec son auditoire, le tout avec grande distinction.

Un seul exemple en dit long sur son engagement. Nous étions en 1994 ou 1995. Jack et moi, en incorrigibles optimistes, avions persuadé nos collègues de la Campagne du ruban blanc d'organiser de grandes souscriptions publiques entre 1992 et 1994. Nous avions effectué un envoi massif de sollicitations postales et engagé du personnel temporaire avec, comme résultats, que nous avions accumulé des dettes substantielles. Sans appui des pouvoirs publics, nous comptions sur les dons des particuliers, des sociétés et des syndicats, mais, de toute évidence, nous n'aurions jamais suffisamment de fonds pour garder la tête hors de l'eau. Le Ruban blanc semblait ne plus être bientôt qu'un souvenir.

Jack vint alors m'annoncer qu'il pouvait obtenir un prêt, mais à une condition : donner sa maison et ma voiture en garantie. Grâce à ce prêt, à des années de travail acharné par des bénévoles et à des collectes de fonds, le Ruban blanc parvint éventuellement à devenir une organisation professionnelle. (La transformation s'accomplit véritablement lorsque Jack se présenta comme candidat à la direction du NPD et que, quelques années plus tard, je me consacrai à l'écriture et à l'éducation publique.)

C'était un de ces moments où les rêves se fracassent contre les réalités financières, et que le pouvoir de persuader semble tomber à plat. Jack avait décidé qu'il nous fallait courir un risque personnel, faire pencher la balance vers les possibilités et l'espoir. Il disait que telle était la chose à faire si on croyait véritablement à un idéal. Voilà pourquoi, au cours des années qui suivirent, je fus ravi de lui faire parvenir des courriels de la Turquie, de la Namibie, de la Chine, du Brésil, de l'Écosse, de l'Inde, chaque fois que je donnais une conférence ou animais un atelier et que les gens me parlaient de leur propre Campagne du ruban blanc. Notre petite idée avait fait le tour du monde.

Une des choses que j'ai toujours appréciées chez Jack est qu'il faisait confiance aux autres pour accomplir leur tâche et recruter des bénévoles et des sympathisants pour une multitude de bonnes causes. Il était aussi le premier à montrer l'exemple. Je terminerai donc par une anecdote qui démontre bien le dévouement donc Jack et Olivia étaient capables.

Le grand public l'ignore, mais Olivia et Jack avaient tendance à jouer les entremetteurs. Un jour d'été, en 1997, je reçus un appel d'Olivia m'annonçant qu'elle s'invitait à déjeuner avec une amie, Betty Chee, qu'elle fréquentait depuis l'adolescence. Après le repas, Olivia alla examiner avec la plus grande attention les fleurs de mon petit jardin et, un an plus tard, Betty et moi avions emménagé ensemble.

Betty et moi ne trouvions pas de bonnes raisons de nous marier officiellement mais, en 2001, nous organisâmes tout de même une cérémonie avec famille et amis pour consacrer notre union. La réception se déroula dans notre fermette victorienne près de Kingston. Il n'y eut aucune hésitation pour choisir le maître de cérémonie, car Jack était l'homme tout désigné. Olivia et Jack nous firent également savoir qu'ils s'occuperaient des fleurs. Le soir avant la cérémonie, ils arrivèrent dans une voiture empruntée transportant d'énormes gerbes de fleurs coupées qu'ils déposèrent dans le garage. Ils refusèrent toute aide, non pas à cause de l'exiguïté des lieux, mais parce qu'ils se considéraient comme responsables de notre rencontre et voulaient assumer ce fait jusque dans les moindres détails.

Les préparatifs du mariage avaient pris toute la journée. Betty et moi ainsi que les autres invités allâmes nous coucher vers minuit ou une heure. Le lendemain, nous apprîmes qu'Olivia et Jack avaient passé une partie de la nuit à préparer les fleurs et à les disposer dans des vases. Ils avaient dû terminer leur travail vers trois ou quatre heures du matin !

Voilà le genre d'amis que nous avions. Jack était ainsi fait, un personnage sorti en droite ligne d'un roman. Parfois un peu canaille, parfois joueur de flûte. Sauveur de la veuve et de l'orphelin à ses heures, il ne détroussait pas les riches pour donner aux pauvres mais faisait remarquer aux bien nantis, aux ploutocrates, qu'ils pouvaient faire mieux pour rétrécir l'écart qui sépare ceux qui ont l'argent et le pouvoir de ceux qui n'ont rien. Mais par-dessus tout, Jack était un frère, un frère d'armes, un homme avec un cœur grand comme ça, un homme qui disait que si nous voulons accomplir quelque chose, nous ferions aussi bien de mettre la main à la roue tous ensemble.

Boissons orange et moustaches en papier
par Jamey Heath

Je ne m'étais pas rendu sur la Colline parlementaire depuis plus de cinq ans lorsque j'y posai les pieds, la semaine où Jack disparut. Pratiquement à l'endroit où il avait lancé sa campagne, sur la pelouse, on trouvait des gerbes de fleurs, des mots d'appréciation, des cannettes de boissons gazeuses orange et même des moustaches en papier. Quelques jours plus tard, à l'hôtel de ville de Toronto, le soir avant les obsèques, je me mis à lire les innombrables adieux griffonnés à la craie pour m'imprégner de l'influence que la vie de Jack Layton avait pu avoir sur ces milliers de citoyens en deuil.

Une image m'impressionna particulièrement, celle de deux jeunes gens. Oh ! certes pas de typiques activistes de gauche ; plutôt des gars bon chic bon genre qu'on aurait pu considérer quelques années auparavant comme de parfaits sportifs du secondaire. L'un était monté sur les épaules de l'autre afin d'atteindre une surface de béton vierge pour y inscrire leur ultime au revoir. En ce vendredi soir, je n'aurais pas qualifié ces jeunes gens de sympathisants du NPD. Seulement de sympathiques jeunes, d'une parfaite sincérité.

Je me suis alors demandé ce qui, chez Jack, avait pu provoquer un tel geyser d'émotions cette semaine-là. À une époque où les politiciens sont de moins en moins respectés et où la politique semble créer plus de problèmes qu'elle n'en résout, quelque chose exorcisait le cynisme. Ce quelque chose, c'était Jack en personne.

« Allons, les gars, ne faites pas cela ! »
par Richard Zajchowski

Quand Jack et moi avions 14 ans, nous étions des nageurs de compétition et nous participions à divers événements sportifs à Ottawa et en Nouvelle-Angleterre. À cette occasion, nous logions dans les foyers des membres du club de natation qui nous recevait.

Au début de juillet, cette année-là, nous avions une importante compétition à Gardner, au Massachusetts. Jack, deux coéquipiers et moi logions dans la même maison. L'un des copains avait apporté un exemplaire du magazine *Playboy* et nous invita à nous rincer l'œil. Élevé dans un strict catholicisme, je rassemblai mon courage et dis à mes compagnons : « Allons, les gars, ne faites pas cela ! » Je refusais de regarder les pages du magazine. Ayant réagi ainsi, je savais que j'allais devenir la cible d'interminables moqueries. Ce fut le cas mais, en observant Jack, je remarquai qu'il s'abstenait de me critiquer et qu'il se contentait de me regarder pensivement. Les années suivantes, la phrase « Allons, les gars, ne faites pas cela ! » devint d'ailleurs ma marque de fabrique chaque fois que mes compagnons juraient comme des charretiers ou utilisaient un langage grossier. Pas plus que la première fois, Jack ne se joignit à leurs inévitables railleries.

Lorsque je le vis, six semaines avant sa mort, Jack me rappela comment ma phrase « Allons, les gars, ne faites pas cela ! » lui avait appris l'importance de défendre nos convictions, même si elles ne sont pas toujours les bienvenues.

Jack est contrecarré !
par Jean Charest

C'est par l'intermédiaire de son père que j'ai rencontré Jack.

Je venais d'être élu au Parlement lors des élections de 1984 et m'installais dans mon nouveau bureau dans l'édifice de la Confédération lorsque je fis la connaissance de Bob Layton. Bien qu'ayant presque le même âge que son fils, je n'avais pas tardé à sympathiser avec lui. Je me souviens clairement qu'il parlait de Jack avec affection et admiration et qu'il était très fier de lui. D'ailleurs, deux ans avant que

Bob Layton et moi fassions notre entrée au Parlement, Jack avait déjà été élu au conseil municipal de Toronto. Même si Bob Layton ne partageait pas toujours les opinions politiques de son fils, il n'en était pas moins son premier admirateur, si bien que j'eus alors maintes occasions de rencontrer Jack.

Un événement me semble plus marquant que les autres, car nous en avons tous les deux abondamment ri.

Lors de la course à la direction du Parti progressiste conservateur de 1993, j'étais ministre fédéral de l'Environnement. Alors que je me préparais à donner une allocution devant l'Empire Club de Toronto, Bob Layton, qui était président du caucus à l'époque, m'informa que son fils Jack avait l'intention d'assister à la conférence de presse suivant mon discours et de me prendre à partie devant les journalistes sur ce qu'il appelait le manque d'ambition du gouvernement sur la question de la réduction des gaz à effet de serre.

Je gardais constamment les yeux sur Jack et voyais qu'il attendait le bon moment pour me critiquer. Lorsque je vis qu'il s'apprêtait à le faire, je fis semblant de remarquer sa présence, m'éloignai du micro et m'empressai de lui serrer la main en lui disant : « Heureux de vous voir, Jack ! Comment vont vos parents ? Dites bonjour à votre mère de ma part. » Visiblement décontenancé par mon initiative, il oublia de me tendre les documents qu'il avait l'intention de me remettre ostensiblement devant la presse. Grâce à son père, j'avais contrecarré ses plans. Quelques mois plus tard, j'expliquai à Jack que Bob m'avait prévenu de son intervention et nous en avons souvent parlé en plaisantant.

Je n'oublierai jamais Jack Layton. C'était un homme plus grand que nature, un être remarquable, quelqu'un qui continuera à nous inspirer pendant des années à venir.

Une occasion politique idéale
par Karl Bélanger

Le lieu était bondé et les gens, de bonne humeur. L'homme se leva et avança vers l'avant de la salle. Ma femme me regarda avec un soupçon d'inquiétude, mais en esquissant néanmoins un sourire. Je baissai les yeux en faisant mine de ne pas savoir ce qui arrivait. De toute façon, il était trop tard : je l'avais invité deux ans plus tôt et, maintenant, Jack se trouvait à mon mariage, qui se déroulait sur les rives du lac Leamy, à Gatineau.

C'est avec émotion et plein d'anecdotes personnelles et politiques qu'il fit un petit discours qui dura neuf bonnes minutes, c'est-à-dire plus longtemps que celui du père de la mariée ! Néanmoins, le temps passa vite et nos invités découvrirent à ce moment ce que je savais depuis longtemps, soit que Jack Layton était un homme de caractère, aussi imperturbable devant que derrière les caméras, en privé ou en public.

Le 25 janvier 2003, les néo-démocrates élurent Jack Layton chef de leur parti au premier tour. J'avais travaillé pour la chef sortante, Alexa McDonough, depuis 1997 et, en qualité de membre du personnel, n'avais pas participé à la course au leadership. Soucieux de l'avenir du parti, je déambulais dans les couloirs du National Trade Centre de Toronto tandis que les partisans de Jack Layton célébraient la victoire et que les autres se ralliaient à la majorité en séchant leurs larmes. C'est dans ce contexte que je rencontrai le conseiller en communications de la campagne de Jack Layton. « C'est à votre tour... » me dit-il. De quel tour voulait-il parler ? Je ne connaissais pas très bien Jack, même si nous avions fait partie de la même équipe de candidats lors des élections fédérales de 1993. (Je me présentais dans Jonquière alors qu'il briguait Rosedale.) Plus tard ce soir-là, on me demanda officiellement de faire partie de l'équipe de transition et d'organiser pour le lendemain la première conférence de presse du nouveau chef du NPD. Cette « période de transition » devait se transformer en un parcours qui dura huit ans et demi !

Au départ, Jack Layton représentait un défi pour le service des communications. Nous avions affaire à un politicien municipal, à un ancien professeur d'université peu connu à l'extérieur de Toronto, débarquant à Ottawa pour entrer dans les ligues majeures de la politique canadienne. Ses réflexes étaient ceux d'un homme du peuple, autrement dit il avait une approche communautaire. À l'aise devant les caméras, il avait tendance à expliquer et à démontrer. Malheureusement, cela menait parfois celui que nous appelions « Professeur Jack » à traiter de sujets dont il aurait dû s'abstenir, particulièrement dans le monde imaginaire des questions hautement hypothétiques que soulevaient les journalistes de la presse parlementaire. De plus, ce Torontois né à Montréal était un partisan du Canadien, ce qui n'est pas idéal pour plaire à Toronto. Que faire ?

Malgré sa vaste expérience, Jack Layton comprit qu'il avait encore beaucoup de choses à apprendre s'il voulait atteindre son objectif ultime : devenir premier ministre du Canada et faire de son pays un endroit plus équitable. Ses ambitions n'étaient pas personnelles, mais collectives. Il avait soif d'apprendre, de comprendre, de s'améliorer et de devenir crédible. Nous avons travaillé inlassablement à perfectionner son français, à utiliser ses intuitions à bon escient et à lui apprendre à réfréner ses colères et ses poussées d'enthousiasme. Il se disciplina, apprit à mettre un terme à ses déclarations devant les médias lorsque j'annonçais la dernière question, et ce, malgré sa tentation de poursuivre. Nous avions mis au point une série de codes ; ainsi, lorsque j'envoyais trois messages rapides sur son BlackBerry, il savait qu'il lui fallait abréger un discours qui traînait en longueur. Voilà pourquoi, en guise d'adieu, j'ai frappé trois fois sur son cercueil lors de son exposition dans le foyer de la Chambre des communes.

Natif du Québec, il était obnubilé par les échecs successifs du NPD dans sa province natale. Je compris très tôt que le courant passait entre Jack Layton et les Québécois et que nous devions en tenir compte. En septembre 2004, je profitai de l'invitation des animateurs de l'émission de Radio-Canada *Tout le monde en parle*, qui en était à sa première saison. Malgré le scepticisme de mes collègues anglophones, qui se méfiaient des aspects controversés de cette émission sans contrepartie au Canada anglais, nous nous lançâmes résolument dans l'aventure. L'entreprise était hasardeuse, car Jack avait quitté le Québec plus de 20 ans auparavant, son français était quelque peu rouillé et, malgré l'intérêt qu'il portait à la culture québécoise, ses références remontaient à une autre époque.

Nous prîmes donc le train pour Montréal et, pendant le trajet, je lui expliquai qui étaient les animateurs et les invités de l'émission, le mis à jour sur les événements socioculturels québécois afin de le préparer le mieux possible aux questions. Cela fonctionna et, après cela, nous avons toujours accepté les invitations de Guy A. Lepage et son équipe. En résumé, les répercussions de ce premier passage à cette émission furent des plus positifs et marquèrent le début d'une belle relation entre les Québécois et Jack.

Jack Layton s'est fait connaître grâce à un nombre d'entrevues, de déclarations et de discours, car l'homme en valait la peine. Il avait tiré des leçons de ses erreurs, gagné en maturité au fil des ans et finit même par devenir un spécialiste des périodes de questions les jours où il siégeait. En effet, dès son arrivée au Parlement, il préféra la négociation et les compromis aux affrontements purement partisans, une stratégie héritée de son long séjour dans le monde municipal.

Jack Layton envisageait vraiment le monde d'une façon positive. Son sourire était sincère et son amour de la vie, communicatif. La politique était sa raison d'être et il la pratiquait en souriant naturellement, avec espoir, optimisme et la ferme conviction qu'il nous était toujours possible de faire mieux. Jack Layton a marqué son époque en demeurant lui-même et en respectant le conseil que son père lui avait un jour donné, soit de ne jamais manquer l'occasion de servir. Non, Jack n'a jamais failli à cette promesse et l'ensemble du Canada peut lui en savoir gré.

De sceptique à convertie
par Peggy Nash

Deux choses m'ont particulièrement impressionnée chez Jack Layton : son optimisme et sa capacité à travailler. Au lieu de le déprimer ou de le rendre cynique, les problèmes étaient pour lui une source de créativité et d'action militante. Nous en avions bien besoin à une certaine époque, car au NPD le cynisme et la déprime faisaient des ravages.

Peu après être devenu chef du parti en 2003, Jack fut invité à déjeuner à Ottawa par le Congrès du travail du Canada. En tant qu'ancien membre du pouvoir exécutif, je connaissais fort bien les tensions qui s'exerçaient entre les instances syndicales mais aussi entre le monde du travail et le NPD. À dire vrai, l'optimisme n'était pas au rendez-vous. Lors de son allocution à ce repas devant un groupe restreint de chefs syndicaux, Jack expliqua la façon dont il envisageait la restructuration du parti et la manière de remporter plus de sièges, notamment au Québec. Il y eut quelques applaudissements polis et on échangea des regards dubitatifs dans la salle. « Ouais, ouais, c'est ce qu'il raconte… Ne me dites pas qu'au Québec on va remporter plein de sièges au détriment des libéraux et des conservateurs !

Le nouveau chef représentait un nouveau départ, mais bien des gens ne connaissaient pas vraiment l'homme. On comprend d'ailleurs que certains syndicalistes considéraient Jack comme un élément extérieur au monde du travail. Son expérience politique était surtout d'ordre municipal après s'être fait le porte-étendard de plusieurs causes importantes allant des pistes cyclables à la lutte contre la violence faite aux femmes, en passant par l'économie verte. Il convenait donc d'établir des passerelles entre le NPD et les chefs syndicaux. Jack s'attela sans fléchir à cette tâche. Il parcourut la salle et prit le temps de parlementer avec chaque personne, entrevues qu'il faisait suivre de réunions individuelles et de coups de fil, que les interlocuteurs soient réceptifs ou réticents.

Ce soir-là, lorsque Jack vint à notre table, il prit une chaise et engagea la conversation avec moi. Et c'est là qu'il me proposa pour la première fois de me présenter au fédéral. Je me montrai polie mais distante. Syndicaliste d'expérience chez les Travailleurs canadiens de l'automobile (TCA), libre de travailler sur plusieurs sujets qui m'intéressaient, je me demandais pourquoi je laisserais tout tomber pour me joindre à un parti croupion ne comptant que 13 sièges, dénué de fonds et sans grande chance de succès.

« Nous changerons la politique de ce pays, m'expliqua-t-il, et je tiens à ce que vous y contribuiez. Vous représentez un modèle pour les femmes, car vous êtes une chef syndicale respectée. Vous pouvez jouer un rôle primordial pour façonner l'avenir du Canada ! » Je fus flattée par cette proposition mais je l'estimai insensée. Le parti n'était pas très fort, je jouais déjà un rôle important dans mon syndicat et n'avais pas d'expérience avec le grand public. Par conséquent, je déclinai poliment cette offre.

Mais cette idée me turlupinait et, de temps à autre, elle revenait me hanter, et je soupesais le pour et le contre. Quelques mois plus tard, le président des TCA, Buzz Hargrove, invita Jack à une réunion du comité exécutif national du syndicat à Port Elgin, en Ontario, à trois heures au nord-ouest de Toronto. Une fois de plus, Jack fit preuve d'optimisme et d'énergie. Les chefs syndicaux se montrèrent amicaux et positifs, mais le leadership de Jack restait à prouver.

Son emploi du temps était très serré et il devait retourner à Toronto immédiatement après son discours. Étant donné que Jack ne conduisait pas, le syndicat avait mis une voiture à sa disposition pour l'aller-retour. Il me fallait aussi rentrer à Toronto. Plutôt que de conduire, je profitai de ce transport providentiel. Pendant le parcours, Jack était continuellement au téléphone, envoyait des courriels et s'affairait sur des dossiers. Il trouva cependant le temps de parler une fois de plus de la possibilité de me présenter sous la bannière de son parti. Ayant beaucoup réfléchi à cette proposition, je me trouvai beaucoup plus ouverte à cette idée. Il avait su la rendre enthousiasmante, car pour lui *elle l'était véritablement !* Il évoquait le plaisir d'obtenir des appuis, de faire campagne, de marquer des points et d'obtenir des résultats.

Sa passion pour les changements progressistes, son engagement et sa dévotion à la cause publique m'exaltaient, car ces idéaux étaient aussi ma raison de vivre. Sans adhérer immédiatement au NPD pendant ce voyage, au fond de moi je savais que j'allais prendre la décision de me présenter sous les couleurs de ce parti. Je peux m'imaginer les milliers de conversations du genre que Jack a dû avoir au cours de sa carrière pour inspirer et inciter les gens à se rallier à ses idées. Son énergie me convainquit de profiter de l'occasion et je n'ai jamais regretté ma décision.

Ô Canada !

par Di McIntyre

Nos grands-parents et nos parents nous ont toujours incités à nous lever respectueusement et à chanter l' « Ô Canada » lorsque ses accents retentissaient. Même au début d'un match de hockey télévisé, nous nous levions tous pour fredonner l'hymne national. L' « Ô Canada » m'a toujours émue. Je repense alors à ma grand-mère l'interprétant, raide comme un piquet. Il me fait penser également à la chance d'être nés dans ce pays et à tous les avantages que comporte cette bonne fortune. Je me souviens d'avoir particulièrement été émue un jour, debout entre Jack et Stephen Lewis, en pensant à ce que ces deux hommes avaient fait pour « protéger nos foyers et nos droits ». Au cours de notre dernière conversation, Jack me confia qu'il serait bientôt près de son père pour chanter encore une fois l' « Ô Canada » avec lui.

En 2003, je remis un exemplaire de la *Dominion March* de l'arrière-grand-père Layton à Gordon Slater, le carillonneur de la Tour de la Paix au Parlement, en lui suggérant de la jouer si Jack devenait premier ministre. Ce fut la successeure de M. Slater, Andrea McReady, qui la joua pendant la levée du corps sur la Colline parlementaire en 2011. Peu de gens connaissaient cette marche, mais les membres de la famille Layton accueillirent l'initiative de la carillonneuse avec beaucoup d'émotion.

Des résultats probants
par Terry Grier

Il y a toujours eu quelque chose d'exceptionnel chez Jack Layton. Il affichait un optimisme contagieux ancré dans une juste évaluation des faits et des possibilités qui inspirait l'espoir et la confiance dans les situations les plus désespérées. Rencontrer Jack, c'était se sentir requinqué et croire une fois de plus dans sa chance, car il dégageait une énergie palpable comme celle d'un champ magnétique.

En 1974, je contribuai à l'embauche de Jack Layton comme professeur à la faculté de science politique de l'Université Ryerson. Il était un des deux candidats sélectionnés. Ce qui fit pencher la balance en sa faveur fut sa personnalité lumineuse, confiante, enthousiaste et énergique. On devinait d'avance qu'il se révélerait un professeur d'exception. Il passa plus de 10 ans à Ryerson, où il se révéla un enseignant respecté et apprécié. Malgré sa charge de travail, il compléta son doctorat en économie politique. Lorsqu'il étudiait à l'Université McGill, Jack avait été très influencé par le philosophe politique néo-démocrate Charles Taylor et il était déjà fortement engagé avec lui dans la défense des causes de justice sociale et économique. C'est ce qui le décida d'ailleurs, quelques années plus tard, à se présenter au conseil municipal de Toronto.

Lors des premières années de Jack au conseil, certains de ses collègues trouvèrent qu'il se montrait trop abrupt, arrogant, un monsieur je-sais-tout qui croyait toujours avoir la bonne réponse. S'il est vrai que Jack n'a jamais été un esprit timoré, il ne se montra jamais agressif et ne voulut pas non plus épater la galerie. Je crois que ce genre de comportement à ses débuts révélait son impatience d'être politiquement utile à quelque chose et son désir brûlant de redresser les torts. C'était une vertu à mes yeux. Au cours de sa longue carrière en politique municipale, Jack Layton prit de la maturité et développa la remarquable capacité de rassembler des collègues aux opinions dissemblables afin de trouver des solutions pratiques aux problèmes de la population.

Il n'y eut jamais une once de malice chez Jack. Il aimait les gens et s'entendait bien avec des collègues et des adversaires de toutes les allégeances. Il défendait ses idées bec et ongles, mais ne se montrait jamais dogmatique. Pour lui, la politique était une arène dans laquelle il était possible de trouver des réponses et où on pouvait faire en sorte que de bonnes choses arrivent à la population. À ses yeux, elle n'était pas une plateforme pour pérorer sur une idéologie politique.

Donner un sens à sa vie
par Joe Mihevc

La semaine où Jack disparut fut l'une des périodes les plus émouvantes et les plus spirituellement marquantes que j'ai vécues à l'hôtel de ville de Toronto. Comme tant d'autres, je me suis souvent retrouvé en pleurs, donnant l'accolade à mes connaissances. Je racontais des anecdotes à propos de Jack, car j'étais ébranlé par la mort prématurée d'un ami alors qu'il lui restait tant de choses à accomplir pour sa ville et son pays. Ma famille passa une journée entière dans le square Nathan Phillips à lire les milliers de messages écrits à la craie, à regarder les dessins, à marcher, à réfléchir, à se souvenir en parcourant le lieu avec toutes sortes de personnes. Je crois que nous cherchions tous la signification de la mort de Jack, observions les réactions du public et tentions d'y voir plus clair dans tout ce que cela signifiait pour nous sur les plans personnel, social, politique et spirituel.

Bien que n'ayant jamais eu de conversation avec Jack sur la religion, la spiritualité ou les valeurs morales, je sais qu'il était une personne d'une grande spiritualité. Son travail a révélé ses valeurs et ce qui l'inspirait. Jack a utilisé son pouvoir pour construire un Canada meilleur et un Toronto plus accueillant pour le plus grand nombre, mais surtout pour les marginaux, les personnes qui souffrent et ont besoin d'aide. Cette idée m'a toujours plu et c'est peut-être pourquoi j'ai trouvé chez lui une âme sœur. J'ai toujours été attiré par le courant de pensée de la théologie de la libération dans les pays en développement et par la manière dont ce mouvement religieux au sein du christia-nisme a placé les luttes et les souffrances des défavorisés au centre de la réflexion et de l'action communautaire. Jack vivait « l'option préférentielle pour les pauvres », qui carac-térise cette théologie née en Amérique latine. La pensée de Jack, son action et l'engagement de toute son existence étaient inspirés de cette lutte pour aider les populations marginalisées.

De temps à autre, l'histoire met en scène des personnages qui nous montrent comment être pleinement humains et bien vivants. Ils nous apprennent que la compassion et la justice sociale peuvent être des réalités accessibles ici, dans l'immédiat. Je n'hésite pas à affirmer que Jack était un tel leader pour les Canadiens. Bien qu'il n'était pas un chef religieux, je pense que sa vie faite d'engagements reflétait un sens de la spiritualité ainsi que de profondes valeurs humanistes.

La dernière lettre de Jack aux Canadiens reflète les idéaux politiques et spirituels que nous défendons. Nous raconterons son histoire à nos enfants et à nos petits-enfants, et nous pouvons tout de suite déclarer, comme Jack le fit dans sa lettre d'adieu : « Alors aimons, gardons espoir et restons optimistes. Et nous changerons le monde. »

Le service funéraire de Jack fut des plus émouvants. Il y eut les mots, certes, les chants, mais aussi les personnes qui les prononcèrent et les chantèrent. On retrouvait un pasteur homosexuel accompagné d'une chorale de gais et lesbiennes, un chef autochtone, un handicapé nous exhortant en français de croire en des lendemains meilleurs et qualifiant Jack de « frère », une religieuse musulmane et un prêtre juif priant de concert. Ces personnes, trop souvent marginalisées dans notre société, étaient toutes là, pleurant la perte de Jack tout en célébrant les valeurs de l'inclusion et de la solidarité sociale.

Jack était un maître avec un sens aigu du bon moment politique. Sa mort est survenue alors que nombre d'entre nous se demandaient si les Canadiens et les Torontois n'abandonnaient pas leur profond sens de la solidarité sociale. En effet, le climat politique semblait se diriger dans la direction opposée. Les mots d'ordre semblaient être : « Ne vous préoccupez que du Numéro Un » ; « Évitez de payer des impôts » ; « Si vous avez besoin de quelque chose, achetez-le-vous, sinon, passez-vous-en » ; « Laissez les immigrants où ils sont, ils ne sont pas comme nous » ; « Les bibliothèques publiques sont inutiles, si vous voulez un livre, allez vous l'acheter ! »

Le décès de Jack fut un moment chronologiquement important, car à cette occasion l'espoir que nous puissions construire un meilleur pays et une communauté urbaine de Toronto améliorée se mit à revivre. Les pleurs, les rassemblements, les souvenirs et les inscriptions à la craie permirent aux gens de réaffirmer que leur lutte pour édifier un monde plus sensibilisé aux impératifs sociaux était vraiment utile.

La vie et la mort de Jack nous ont enseigné à ne pas nous décourager et à ne pas perdre espoir. Une des choses les plus profondes qu'il déclara au Révérend Brent Hawkes, quelques jours avant sa mort, fut :« Je crois que ma vie quotidienne constitue une forme de dévotion… » Pour lui, chaque acte de solidarité sociale pour construire un monde meilleur était une prière. Il nous a montré que nous pouvions tous, à notre manière, mener une telle vie.

Aux obsèques de Jack, la dernière page du programme de célébration fut laissée en blanc. Sur la page précédente, on pouvait lire ces mots : « Utilisez l'espace qui suit pour y inscrire une suggestion permettant d'améliorer notre monde. » Cette phrase était typiquement «laytonienne». En effet, Jack disait souvent qu'il ne fallait jamais quitter une réunion sans proposer une stratégie de mise en œuvre pour un projet d'entraide.

Si la vie et la mort de Jack ont pour nous une signification, il importe de nous rappeler qu'une grande vie en est une au cours de laquelle nous nous évertuons à lutter pour une société plus juste en faisant preuve de courage et de compassion, en plaçant toujours ceux et celles qui sont exclus au centre de nos préoccupations et de nos actions.

Prière
par Di McIntyre

En septembre 2006, Jack ramena à la maison un cadeau que Peter Julian lui avait donné avec cette dédicace : « Avec respect et nos sincères remerciements à notre chef, Jack Layton ». Il s'agissait d'une aquarelle encadrée représentant les Prairies. On y trouvait aussi une prière de J. S. Woodsworth, un pionnier de la social-démocratie, dont les mots résumaient le point de vue de Jack sur les avantages dont nous bénéficions et la responsabilité que nous avons comme occupants de cet univers que nous devons partager.

Merci pour les bienfaits et toutes les bonnes choses de la vie.

Nous reconnaissons qu'ils font partie de notre héritage commun et que nous en bénéficions grâce aux efforts de nos frères et de nos sœurs dans le monde.

278

Souhaitons aux autres ce que nous désirons pour nous.

À cette fin, puissions-nous assumer notre part du travail et des luttes de ce monde.

Ce cadeau comportait un encadrement en sapin Douglas recyclé datant d'un siècle. Ce souvenir, qui nous rappelle Jack et les choses qui comptent dans la vie, orne toujours fièrement un mur de ma cuisine.

Affectueusement, Jack
par Peter Ehrlich

Jack terminait toutes ses correspondances de deux façons, soit par « Mon indéfectible amitié » ou « Affectueusement, Jack ». Ces expressions ne m'étaient pas réservées, je puis vous l'assurer. Le mahatma Gandhi avait dit un jour que l'amour exigeait du courage. Si tel est le cas, Jack était l'homme le plus courageux en politique comme dans la vie, car il n'hésitait jamais à vous dire qu'il vous aimait.

Un cadeau
par Minerva Hui (avec des remerciements à Vivian Kong)

Jack commençait sa lutte contre le cancer lorsque mon mari Brian terminait la sienne. Ils s'étaient liés d'une vive amitié qui se développa pendant le peu de temps où ils se fréquentèrent. Les deux avaient grandi à Montréal, s'étaient installés en Ontario, étaient passionnément engagés dans leur communauté et possédaient un vif sens de l'humour. Lorsque Jack rencontra le fils de Brian, il loua le travail communautaire de son ami en ajoutant : « Ton père est un sacré fouteur de merde. » Après qu'on eut diagnostiqué un cancer chez Jack, Brian lui dit : « Eh bien ! il semble que nous nous retrouvons tous les deux avec une belle saloperie… »

Lorsque Brian quitta ce monde au printemps 2010, j'écrivis à Jack pour le remercier de ses appels et de ses visites. Ces simples gestes avaient beaucoup contribué à soutenir le moral de mon conjoint. J'ai également fait savoir à Jack que sa touchante déclaration à la Chambre des communes en souvenir de Brian avait illuminé une période sombre de notre vie. Ce fut un cadeau inattendu qui aida la famille à soigner les terribles blessures que le gouvernement lui avait infligées lorsque Brian a dévoilé le pot aux roses en dénonçant certains agissements du Service canadien du renseignement de sécurité (SCRS).

Cet été-là, Jack m'invita chez lui pour prendre un café. Il voulait que je voie le drapeau canadien que sa famille lui avait donné en guise de cadeau d'anniversaire. Je fus chaleureusement reçue en arrivant dans cette maison pleine de fébrilité. Olivia consultait les journaux en prenant son petit-déjeuner tandis que sa mère faisait du rangement. Jack prépara le café et nous nous dirigeâmes vers la véranda pour profiter de cette belle journée d'été et regarder le fameux drapeau. Brian et moi en avions également reçu un de la part de notre bureau de circonscription. Nous l'avions hissé devant notre maison et mon mari aimait le regarder par la fenêtre du salon. Jack m'assura que son propre unifolié flotterait devant chez lui en mémoire de Brian.

J'avais apporté un livre que Brian voulait donner à Jack. Il y était question de musiciens et de leurs guitares, un sujet approprié pour un mélomane, guitariste par surcroît. Brian s'était gardé de remettre en personne ce livre à Jack, car il lui avait déjà été dédicacé et cela le désolait. Lorsque je fis part à Jack de ces hésitations en lui expliquant combien mon mari tenait à ce qu'il possède ce bouquin, il passa plusieurs fois sa main sur la page où se trouvait la dédicace en murmurant « Ô ! Brian… Cher Brian… » Nous avons pleuré le disparu et nous nous sommes permis un moment de nostalgie et de tristesse.

Je n'oublierai jamais l'incroyable capacité qu'avait Jack à faire preuve de générosité, de gentillesse et de compassion. Je ne peux m'imaginer les efforts qu'il dut consentir pour s'occuper de nous avec tant d'assiduité alors que lui-même combattait le cancer. Même s'il perdit la bataille, il demeura optimiste jusqu'à la fin et laissa un message d'espoir au pays. Après avoir été témoin de l'immense tristesse de Jack, je peux dire que cette ode à la vie me semble d'autant plus émouvante.

De l'autre côté de la Chambre
par Bill Freeman

Après le décès de Jack, comme des milliers d'autres personnes, les politiciens exprimèrent leur admiration et leur respect pour lui. Il avait touché les gens par sa générosité et son engagement. Si, avant tout, sa personnalité chaleureuse et son optimisme avaient ému le peuple canadien, un autre élément avait joué en sa faveur : il avait modifié la politique telle qu'on la pratiquait à Ottawa. Voilà pourquoi ces témoignages ne me surprirent guère.

Mais, curieusement, de tous les hommages qui furent rendus à Jack après son décès, celui de Stephen Harper me semble le plus émouvant. À la Chambre des communes, il déclara : « Un des avantages de servir en ce lieu réside dans les amitiés que nous y nouons, parfois même, à notre grande surprise, avec nos adversaires. Et de telles amitiés se développent en dépit de nos plus féroces instincts partisans. »

Le premier ministre parlait de Jack comme s'il était un de ses amis. Or on nous dit que Stephen Harper n'est pas homme à s'en faire facilement. Il pratique un tel retrait de soi qu'il s'isole pratiquement et qu'à certains moments il est impitoyable dans sa partisanerie. Pourtant, il considérait Jack comme un ami, une relation que même certains des alliés les plus proches de Harper ne pouvaient se vanter de revendiquer. Tel était le cadeau de Jack Layton… Et nous devenons meilleurs.

La danse sous les étoiles

par Svend Robinson

Jack et Olivia adoraient les îles du Golfe, au large des côtes de la Colombie-Britannique, où mon conjoint Max et moi possédons une maison depuis plus d'une décennie. Ils nous rendaient souvent visite, séjournaient à la maison et appréciaient la beauté et la tranquillité des îles Galiano et Parker. Jack et moi aimions faire du kayak ainsi que des excursions aux alentours des îles. Jack faisait également du canot avec Olivia et ils utilisaient leur éternel tandem pour explorer les nombreuses vallées et collines de la région.

Jack aimait utiliser notre bateau à moteur, un skiffeur Carolina de 17 pieds, pour parcourir la distance entre l'île de Galiano et celle de Salt Spring, surtout les samedis matin, afin de visiter le merveilleux marché public extérieur qui s'y trouve. Son bon ami Torontois George Ehring vit sur l'île, dont il fut l'administrateur pendant plusieurs années. Jack adorait rendre visite à George, parler politique ainsi que du bon vieux temps passé à Toronto en sa compagnie. Olivia dressait son chevalet en bambou pour peindre des paysages marins et montagnards, et un de ses tableaux occupe une place d'honneur dans notre maison de Galiano.

Lorsque Jack prenait la barre du bateau, il aimait mettre les gaz à fond en filant sur les eaux du détroit de Trincomali. Debout derrière la roue, cheveux au vent, Jack conduisait pendant que je faisais la vigie, surveillant les billots erratiques et les rochers à fleur d'eau. Il connaissait bien le parcours et n'échoua jamais l'embarcation. Une fois pourtant, ayant arrêté le bateau pour regarder des phoques qui s'ébattaient, il repartit un peu trop brusquement et il me prit au dépourvu, me fit tomber à l'eau et me repêcha en rigolant. Une autre fois, nous sommes tombés en panne d'essence et il nous fallut ramer longtemps jusqu'au port de Ganges, sur l'île de Salt Spring. Jack tenta de me persuader que cela avait été un exercice salutaire.

Jack écrivit plusieurs chapitres de ses deux livres dans nos propriétés des îles Galiano et Parker, fait qu'il signala dans ses avant-propos. Une fois, il faillit acheter un joli terrain sur l'île Parker, mais il avait appris que l'endroit avait été vendu la semaine précédente, après avoir été deux ans sur le marché. Jack et Olivia aimaient beaucoup les îles et Jack me confia qu'il y trouvait la beauté, la sérénité et la paix qui le reposaient des âpres débats politiques. Ils étaient de grands cuisiniers et ils appréciaient les crabes de Dungeness que nous attrapions en appâtant des pièges avec du poisson.

Un de mes meilleurs souvenirs est l'image de Jack et Olivia dansant sous une nuit étoilée sur la véranda de notre maison de Galiano, avec un couple de voisins avec lesquels ils avaient partagé un repas bien arrosé, des rires et de la musique à profusion. La beauté des îles leur redonnait force, paix et énergie. Lorsque je pagaye dans les eaux, je souffre encore terriblement de l'absence de Jack, car je sais qu'il ne reviendra jamais dans cet endroit magique qu'Olivia et lui aimaient tant.

Hamba Gahle, Jack Layton !
par Anver Saloojee

Après avoir complété sa scolarité de doctorat à l'Université York en 1974, Jack Layton fut engagé comme enseignant au département de science politique et d'administration publique de l'Institut polytechnique Ryerson. Trois ans plus tard, en septembre 1977, je me joignis en qualité de chargé de cours au département de sociologie. Je fus immédiatement présenté à Jack par un de mes mentors, le professeur Solly Patel, directeur du département de science politique.

C'est fort aimablement que Jack me prit sous son aile et m'invita à assister à ses cours afin d'apprendre la manière d'enseigner à Ryerson. Plusieurs choses m'impressionnèrent dans la façon qu'avait Jack d'aborder la pédagogie. Sa classe était en soi une expérience pédagogique. On y décelait une incroyable énergie et chaque étudiant s'éveillait au fil de son apprentissage et de l'enseignement qu'il recevait.

Les étudiants de Jack devenaient des associés en politique, non seulement en théorie, mais en pratique. Tous les points de vue étaient exposés. Les étudiants étaient encouragés à exprimer leur opinion et à discuter – de manière respectueuse – des idées des autres. Dans sa classe, Jack n'était pas seulement un professeur. Il était un chef d'orchestre dirigeant une symphonie d'idées, d'idéologies contestatrices et d'engagements politiques.

À l'occasion d'une pause-café avec Jack, en discutant du contenu d'un cours, je reçus de lui ce que je considère comme une véritable leçon en matière de pédagogie. « Souviens-toi qu'enseigner est un privilège, me dit-il. Aucune autre profession ne nous permet de nous engager sur une aussi longue période de temps avec autant d'apprenants sollicitant de nous des réponses. Ne leur fournis pas de réponses toutes faites, mais aide-les plutôt à développer la capacité de les trouver par eux-mêmes. »

C'est à partir de là que j'appris un certain nombre de choses sur l'enseignement et l'apprentissage. Pour Jack, il fallait respecter les opinions de tous et en discuter. Il n'était pas question d'imposer un point de vue aux apprenants, mais de faciliter la discussion et le dialogue. Le personnel professoral ne devait pas trahir la confiance que les étudiants lui accordaient, mais plutôt leur donner le moyen de définir et d'atteindre les objectifs pédagogiques qu'ils s'étaient eux-mêmes fixés. En résumé, pour Jack, la finalité consistait à créer un environnement d'enseignement et d'apprentissage inclusif, respectueux mais dynamique, dans lequel tous les étudiants pouvaient développer leurs talents et leurs aptitudes. Que pouvait demander de mieux un prof de faculté en herbe ?

En dehors des cours, j'en vins à acquérir une meilleure idée de la pensée politique de Jack. Il se passionnait certes pour la politique municipale de Toronto et, pour ma part, je luttais contre l'apartheid en Afrique du Sud. Jack militait pour les deux causes. Il s'intéressait aussi à la lutte de la communauté chilienne contre la junte militaire, au sort des Tamouls au Sri Lanka et à celui de tous les peuples qui affluaient à Toronto comme réfugiés de diverses oppressions. Jack était à la fois un ardent nationaliste et un internationaliste, car il s'intéressait à la politique locale comme à celle des autres pays.

Le souci qu'il manifestait pour les situations difficiles des autres l'avantagea lorsqu'il cessa d'enseigner pour devenir politicien. Des bénévoles d'un nombre incroyable de communautés donnèrent gracieusement de leur temps et de leur argent pour le faire élire. C'est ainsi qu'il devint conseiller municipal à Toronto en 1982, lorsqu'il remplaça le titulaire Gordon Chong, puis en février 1991, lorsqu'il devint le premier candidat officiel du NPD à la mairie dans une course qui l'opposait au maire Art Eggleton. Ce dernier se retira, mais Jack perdit au profit de June Rowlands. Il avait cependant réussi à galvaniser un vaste groupe de bénévoles, des gens représentant le nouveau visage de Toronto et exigeant qu'on leur accorde la place qui leur revenait dans les politiques de la Ville reine. Un peu comme il le faisait en classe, Jack donnait une voix aux personnes n'ayant théoriquement pas droit au chapitre.

Quelques mois après avoir perdu la course à la mairie, Jack organisa une collecte de fonds pour rembourser ses dettes de campagne. Une fois de plus, l'extraordinaire diversité de la ville vint à sa rescousse lorsque des Torontois de différentes origines l'aidèrent pour le remercier de son dévouement à leurs causes. À cette occasion, il put mettre de l'avant ses remarquables talents d'encanteur.

À la suite de cette collecte, mon partenaire, Zuby, qui travaillait pour une agence communautaire, demanda à Jack un coup de main pour financer son organisation. Fidèle à lui-même, Jack ne ménagea pas son temps et lui apporta son aide. Le désintéressement de Jack était total. Il était désintéressé lorsqu'il partageait son point de vue pédagogique avec un étudiant de première année, lorsqu'il soutenait ceux qui combattaient les injustices dans le monde et lorsqu'il aidait une agence communautaire locale.

Le lien qui unit ces événements apparemment disparates était assuré par Jack. Il représentait la quintessence organique d'un intellectuel prêchant par l'exemple, donnant une voix à ceux qui n'en ont pas, détestant les positions dogmatiques, disant la vérité et combinant efficacement la théorie et la pratique. Il n'y a aucun doute que Jack demeure un intellectuel organique aussi bien qu'un intellectuel public. J'emprunterai une expression d'Afrique du Sud, où les gens tiennent à se souvenir de tous ceux qui ont fait le sacrifice suprême lors de la lutte contre l'apartheid. Ils disent : *Hamba Gahle*. Je dis donc : *Hamba Gahle, Jack – Tout va bien. Repose en paix.*

« Mon quotidien… »
par Brent Hawkes

Je me rends généralement au Roy Thomson Hall la veille de Noël lorsque la Metropolitan Community Church de

Toronto célèbre son service de circonstance. Jack et Olivia
y ont assisté un certain nombre d'années. Normalement,
je vois Jack et sa femme assis au balcon, puis les salue dans
la salle où je les retrouve avec leurs petits chapeaux de père
Noël sur la tête. Toutefois, le 27 août 2011, tout était différent, car nous nous étions réunis pour célébrer la vie de
Jack et pleurer sa disparition.

J'avais eu plusieurs occasions de croiser Olivia et Jack
avant le décès de celui-ci et je garde un souvenir très ému
de ces rencontres. Jack partageait avec moi ce qui lui tenait
le plus à cœur. Il se disait choyé. Il remerciait le ciel d'avoir
pu rester si longtemps en vie, d'avoir eu le privilège de faire
la connaissance et de travailler avec tant de personnes extra-
ordinaires. Il se disait inspiré par ses compatriotes, particulièrement les jeunes, et considérait la confiance qu'on lui
accordait comme une redoutable responsabilité. Il parlait
de l'amour qu'il avait pour sa famille et Olivia. Il admirait
la sagesse et la force de son épouse et la décrivait comme la
pierre d'assise de son existence. Bien que plein de reconnaissance envers la vie, il déplorait de ne pas pouvoir disposer de plus de temps pour poursuivre son travail et
constituer un mouvement capable d'améliorer la vie au
Canada.

Jack voyait le Canada comme un grand pays et,
pourtant, il admettait qu'il restait beaucoup de travail à
faire. Nous sommes un peuple en provenance d'une
multitude d'horizons, aux coutumes et aux croyances
différentes, et pourtant nous pouvons ne former qu'une

seule entité travaillant communautairement pour construire un meilleur pays. Il voulait qu'en tant que citoyens
nous nous lancions des défis et que nous nous inspirions
mutuellement. Travailler en partenariat constituait une
priorité pour Jack. Son but dans la vie était de réunir les
gens, les jeunes et les vieux, de rapprocher les voix disso-
nantes, les perspectives divergentes et les croyances
opposées. Jack était une personne très spirituelle. Il ne
portait pas cette distinction comme des galons sur une
manche mais, lors d'une de nos conversations, il me
confia : « Brent, je crois que ma vie quotidienne constitue
une forme de dévotion… »

Jack nous a tous inspirés. Il a laissé une impression
durable sur le pays. Longtemps après les belles paroles,
après que les témoignages d'affection tracés à la craie sur le
parvis de l'hôtel de ville se seront effacés, l'héritage de Jack
Layton ne se transmettra pas par le pouvoir que nous possédons, mais par la manière dont chacun de nous exercera
son pouvoir personnel pour améliorer le monde. Cet
héritage résidera dans nos propres actions et dans la
manière dont nous les faisons interagir. Si les Jeux
olympiques ont procuré aux Canadiens une légitime fierté,
la vie de Jack a fait de nous de meilleurs citoyens du
Canada. Je suis dans un domaine où on croit aux miracles.
Oui, nous pouvons être un meilleur peuple, car Jack Layton
nous a montré la façon dont nous pouvons essayer de réaliser ce souhait.

LETTRE DE JACK LAYTON
À L'ATTENTION DES CANADIENS

Toronto, Ontario, le 20 août 2011

Chers amis,

Des dizaines de milliers de Canadiens m'ont fait parvenir des mots d'encouragement au cours des dernières semaines. Je tiens à remercier chacun d'entre vous pour vos cartes, vos notes et vos cadeaux si magnifiques, si inspirants, si attentionnés. Vos bons sentiments et votre amour ont éclairé mon foyer et ont renforcé mon courage et ma détermination.

Malheureusement, mes traitements n'ont pas eu les effets escomptés. Je remets donc cette lettre à Olivia afin qu'elle la partage avec vous dans l'éventualité où je ne pourrais continuer.

Je recommande que Nycole Turmel, députée de Hull-Aylmer, continue son travail à titre de chef intérimaire jusqu'à ce qu'une ou un successeur(e) soit élu(e).

Je recommande au parti de tenir un vote quant au leadership du parti le plus tôt possible dans la nouvelle année, en s'inspirant de l'échéancier de 2003, afin que notre nouveau ou nouvelle chef ait amplement le temps de reconsolider notre équipe, de renouveler notre parti et notre programme, et puisse aller de l'avant et se préparer pour la prochaine élection.

Quelques mots additionnels :

Aux Canadiens qui se battent contre le cancer, pour continuer à profiter pleinement de la vie, je vous dis ceci : ne soyez pas découragés du fait que ma bataille n'ait pas eu le résultat espéré. Ne perdez pas votre propre espoir, car les thérapies et les traitements pour vaincre cette maladie n'ont jamais été aussi évolués. Vous avez raison d'être optimistes, déterminés et convaincus face à la maladie. Mon seul autre conseil est de chérir tous les moments passés auprès de ceux qui vous sont chers, comme j'ai eu la chance de le faire cet été.

Aux membres de mon parti : Nous avons obtenu des résultats remarquables en travaillant ensemble au cours des huit dernières années. Ce fut un privilège d'être le chef du Nouveau Parti démocratique et je suis très reconnaissant pour votre confiance, votre appui et vos innombrables heures consacrées à notre cause. Il y a des gens qui vont essayer de vous convaincre d'abandonner notre cause. Mais cette dernière est bien plus grande qu'un chef. Répondez-leur en travaillant encore plus fort, avec une énergie et une détermination sans précédent. Rappelez-vous de notre fière tradition de justice sociale, de soins de santé universels, de régime de pensions publiques, et des efforts que nous faisons pour nous assurer que personne ne soit laissé pour compte. Continuons d'aller de l'avant. Démontrons dans tout ce que nous faisons au cours des quatre prochaines années que nous sommes prêts à servir les Canadiens en formant le prochain gouvernement.

Aux membres de notre caucus : J'ai eu le privilège de travailler avec chacun d'entre vous. Nos rencontres du caucus ont toujours été le moment fort de ma semaine. Cela a été mon rôle d'exiger le plus possible de votre part. Et maintenant je le fais à nouveau. Les Canadiens vous porteront une attention toute spéciale dans les mois à venir. Chers collègues, je sais que vous rendrez les dizaines de milliers de membres du NPD fiers en démontrant la même éthique de travail et la solidarité qui nous ont mérité la confiance de millions de Canadiens lors de la dernière élection.

À mes concitoyens québécois : Le 2 mai dernier, vous avez pris une décision historique. Vous avez décidé qu'afin de remplacer le gouvernement fédéral conservateur du Canada par quelque chose de mieux il fallait travailler ensemble, en collaboration avec les Canadiens progressistes de l'ensemble du pays. Vous avez pris la bonne décision à ce moment-là. C'est encore la bonne décision aujourd'hui et restera la bonne décision au cours des prochaines élections, lorsque nous réussirons, ensemble. Vous avez élu une superbe équipe de députés du NPD qui vous représenteront au Parlement. Ils vont réaliser des choses remarquables dans les années à venir afin de faire du Canada un meilleur pays pour nous tous.

Aux jeunes Canadiens : Toute ma vie j'ai travaillé pour améliorer l'état des choses. L'espoir et l'optimisme ont caractérisé ma carrière politique, et je continue d'être plein d'espoir et d'optimisme quant à l'avenir du Canada. Les jeunes Canadiens ont été une grande source d'inspiration pour moi. J'ai rencontré plusieurs d'entre vous et discuté avec vous de vos rêves, de vos frustrations et de vos idées de changement. De plus en plus d'entre vous êtes impliqués en politique parce que vous voulez changer les choses pour le mieux. Plusieurs d'entre vous avez choisi de faire confiance à notre parti. Alors que ma carrière politique s'achève, j'aimerais vous transmettre toute ma conviction que vous avez le pouvoir de changer ce pays et le monde. Plusieurs défis vous attendent, de l'accablante nature des changements climatiques à l'injustice d'une économie qui laisse tant d'entre vous exclus de la richesse collective, en passant par les changements qui seront nécessaires pour bâtir un Canada plus solidaire et généreux. Votre énergie, votre vision et votre passion pour la justice sont exactement ce dont ce pays à aujourd'hui besoin. Vous devez être au cœur de notre économie, de notre vie politique, et de nos plans pour le présent et pour l'avenir.

Et finalement j'aimerais rappeler à tous les Canadiens que le Canada est un magnifique pays, un pays qui représente les espoirs du monde entier. Mais nous pouvons bâtir un meilleur pays, un pays où l'égalité, la justice et les opportunités sont plus grandes. Nous pouvons bâtir une économie prospère et partager les avantages de notre société plus équitablement. Nous pouvons prendre mieux soin de nos aînés. Nous pouvons offrir à nos enfants de meilleures perspectives d'avenir. Nous pouvons faire notre part pour sauver l'environnement et la planète. Nous pouvons réhabiliter notre nom aux yeux du monde. Nous pouvons faire tout ça parce que nous avons enfin un système de partis politiques fédéraux qui nous offre de vrais choix ; où notre vote compte ; où en travaillant pour le changement on peut effectivement provoquer le changement. Dans les mois et les années à venir, le NPD vous proposera une nouvelle et captivante alternative. Mes collègues du parti forment une équipe impressionnante et dévouée. Écoutez-les bien, considérez les alternatives qu'ils proposent, et gardez en tête qu'en travaillant ensemble nous pouvons avoir un meilleur pays, un pays plus juste et équitable. Ne laissez personne vous dire que ce n'est pas possible.

Mes amis, l'amour est cent fois meilleur que la haine. L'espoir est meilleur que la peur. L'optimisme est meilleur que le désespoir. Alors aimons, gardons espoir et restons optimistes. Et nous changerons le monde.

Chaleureusement,

JACK LAYTON

CHRONOLOGIE DE LA VIE DE JACK LAYTON

Sa jeunesse (1950-1964)

- Né John Gilbert « Jack » Layton le 18 juillet 1950 à Montréal, au Québec.

- Élevé à Hudson, au Québec.

- Ses parents sont Doris Elizabeth Steeves, petite-nièce de William Steeves (un des pères de la Confédération), et Robert Layton, ancien député et ministre conservateur. Gilbert Layton, le grand-père de Jack, fut membre de l'Assemblée législative du Québec sous la bannière de l'Union nationale de Maurice Duplessis.

Scolarité de secondaire (1964-1967)

- Élève de l'Hudson High School.

- Président du Conseil étudiant de l'Hudson High School (1966-1967).

- Reçoit son diplôme de secondaire en 1967.

Cursus universitaire (1968-1983)

- Entre à l'Université McGill.

- Est premier ministre du Parlement jeunesse du Québec – 1969-1970.

- Se marie avec Sally Halford en 1969 ; deux enfants, Michael et Sarah, naîtront de cette union. Le couple divorcera en 1983.

- Quitte l'Université McGill avec un baccalauréat en science politique en 1970.

- Entame ses études de deuxième cycle à l'Université York.

- Termine sa maîtrise en science politique en 1971.

- Termine son doctorat en science politique en 1983.

Les années d'enseignement (1974 et suivantes)

- Enseigne à l'Institut polytechnique Ryerson en 1974 et les années suivantes.

- Enseigne à l'Université de Toronto (assistant du professeur en géographie et en planification) et nomination au collège Innis de l'Université de Toronto comme professeur d'études environnementales.

- Université York. Boursier en recherche de Calumet College.

Le politicien municipal (1982-2003)

- Conseiller municipal à Toronto de 1982 à 1991 puis de 1997 à 2003.

- Rencontre Olivia Chow en 1985 à l'occasion d'un encan qu'il animait lors d'un événement écologique. Elle était interprète de cantonnais. Ils se marient en 1988.

- Conseiller du Toronto métropolitain de 1985 à 1988 et de 1994 à 1997.

- Fait office de maire suppléant de la ville de Toronto en 1990.

- Se présente à la mairie de Toronto en 1991, mais perd contre June Rowlands.

- Publie *Homelessness : The Making and Unmaking of a Crisis* en 2000.

- Devient président de la Fédération canadienne des municipalités en 2001.

- A présidé le Conseil de santé publique de Toronto ; le Comité de développement économique et de planification du Toronto métropolitain ; le Comité de transport et de planification ; le Comité consultatif sur les sans-abris et les personnes socialement isolées ; a été membre du bureau administratif portuaire de Toronto et membre fédéral du bureau administratif du Programme de prévention contre les changements climatiques.

300

- Publie *Speaking Out : Ideas that Work for Canadians* en 2004.

Le politicien fédéral (2003-2011)

- Chef du NPD de 2003 à 2011.

- Député de 2004 à 2011.

COLLABORATRICES ET COLLABORATEURS

SHAWN A-IN-CHUT ATLEO est le chef national de l'Assemblée des Premières Nations.

NICOLAS-DOMINIC AUDET est l'ancien directeur de section du NPD au Québec ; il travaille actuellement au Bureau de l'opposition officielle.

SUSAN BAKER est directrice exécutive de la Riverdale Share Community Association et productrice du Riverdale Share Concert.

RICHARD BARRY a été l'assistant exécutif de Jack Layton à l'hôtel de ville de Toronto et pendant le mandat de Jack comme président de la Fédération canadienne des municipalités. Il est l'ancien directeur exécutif de la Campagne du ruban blanc ; il est actuellement fonctionnaire et musicien.

PAUL J. BEDFORD est l'ancien planificateur en chef de la ville de Toronto.

KARL BÉLANGER est le secrétaire principal du chef de l'opposition officielle du Canada, Thomas Mulcair. Il a été secrétaire de presse sénior de Jack Layton pendant huit ans et, à ce titre, facilita la toute première et la toute dernière conférence de presse du chef du Nouveau Parti démocratique du Canada.

DAVID V. J. BELL est professeur émérite, chercheur principal et ancien doyen de la faculté d'études environnementales de l'Université York.

BILL BLAIKIE a été député du NPD de 1979 à 2008. Il a siégé au Parlement avec Jack Layton de 2004 à 2008 et de 1984 à 1993 avec Robert Layton, le père de Jack.

REBECCA BLAIKIE est la présidente nationale du NPD.

WILLY BLOMME complète actuellement son doctorat à l'Université John Hopkins. Elle travailla comme coordinatrice bénévole lors de la campagne au leadership de Jack Layton et fut la rédactrice de ses discours de 2006 à 2008.

ED BROADBENT est un ancien chef du Nouveau Parti démocratique fédéral de 1975 à 1989. Il revint en politique en 2004 et remporta le siège de député d'Ottawa-Centre. En 1993, il fut décoré Officier de l'Ordre du Canada et promu Compagnon de l'Ordre en 2001.

JEAN CHAREST est un ancien premier ministre du Québec.

KEVIN CHIEF est député de Point Douglas, au Manitoba.

MARILYN CHURLEY est une juge de paix en Ontario, ancienne conseillère municipale de Toronto et députée provinciale. Elle fut coprésidente de la campagne de Jack Layton à la direction du NPD en 2002 et 2003.

PAUL COPELAND est un avocat criminaliste qui s'occupe également de sécurité nationale à Toronto.

CATHY CROWE est une infirmière de rue.

LIBBY DAVIES est la chef adjointe du NPD et la députée de Vancouver-Est.

PETER EHRLICH a été responsable de la commercialisation de la Campagne du ruban blanc pendant un certain nombre d'années à partir de 1990, alors que Jack Layton la présidait. Il a été l'assistant de circonscription de Jack à l'hôtel de ville de Toronto de 1999 à 2001.

DEBBIE FIELD est directrice exécutive de FoodShare Toronto.

TIM FLANNERY est le commissaire en chef aux questions climatiques du gouvernement australien. Il est l'auteur de *The Weather Makers* et d'un récent livre, *Here on Earth : An Argument for Hope*.

BILL FREEMAN est un écrivain et un activiste communautaire vivant sur une des îles de Toronto, une communauté où Jack et Olivia se sont mariés et où ils se rendaient souvent pour se ressourcer.

ANNE GOLDEN est présidente et directrice générale du Conference Board du Canada.

MICHAEL GOLDRICK est un militant universitaire spécialisé en vie urbaine en qualité de conseiller élu, d'organisateur communautaire et de professeur de politique.

TERRY GRIER est président honoraire de l'Université Ryerson et un ancien député. Au cours des années où Ed Broadbent était le chef, il présidait le comité de planification électorale du NPD.

NEIL HARTLING est auteur, guide de rivière et pourvoyeur. Il vit à Whitehorse, au Yukon, d'où il organise des expéditions dans le Grand Nord sur certaines des rivières les plus impétueuses du monde. Neil soutient qu'on doit protéger ce qu'on aime, et ses activités sont un prétexte à préserver l'écologie dans le cadre d'un profond respect de la nature.

FRANZ HARTMANN est directeur exécutif de la Toronto Environmental Alliance.

BRENT HAWKES est pasteur principal de la Metropolitan Community Church de Toronto.

JAMEY HEATH a été le directeur des communications de Jack Layton de 2002 à 2006.

MINERVA HUI et BRIAN MCINNIS sollicitèrent Jack, leur député, en 2005, car les organismes sans but lucratif subissaient à cette époque des coupes non justifiées de la part du gouvernement fédéral. Minerva était la directrice exécutive de l'une de ces organisations en péril. Après avoir réussi à rescaper plusieurs de ces organismes, Minerva et Brian travaillèrent à divers titres pour le NPD.

E. T. JACKSON est un professeur, consultant et auteur domicilié à Ottawa.

MICHAEL KAUFMAN est un éducateur et un écrivain qui encourage les hommes de tous les âges à défendre l'égalité des sexes et à lutter contre la violence faite aux femmes. Au plan international, il travaille avec les Nations Unies, les

ONG et les gouvernements. Il est le cofondateur de la Campagne du ruban blanc.

BRAD LAVIGNE fut conseiller de Jack pendant 10 ans. Il travailla sur la campagne au leadership de son chef en 2002, fut directeur des communications du NPD et du caucus, directeur national du parti, directeur de la campagne de 2011 et le principal secrétaire de Jack.

DORIS LAYTON est la mère de Jack.

NANCY LAYTON est la sœur de Jack.

SARAH LAYTON, la fille de Jack, est coordonnatrice bénévole de la Fondation Stephen Lewis.

DEREK LEEBOSH est le vice-président des affaires publiques à Environics Research Group à Toronto.

ANNE MCGRATH a été directrice de cabinet de Jack Layton de 2008 à 2011, puis de la chef par intérim Nycole Turmel, puis de Thomas Mulcair. Anne a été présidente du NPD et du caucus de 2006 à 2009 et occupa le poste de directrice

nationale pour l'égalité dans le Syndicat canadien de la fonction publique.

DI MCINTYRE est la cousine de Jack. Elle dirigea son équipe de partisans lorsqu'il résidait à Ottawa.

JOE MIHEVC est conseiller municipal de Toronto-St. Paul.

PAUL MOIST est le président national du Syndicat canadien de la fonction publique.

PEGGY NASH est députée de Parkdale–High Park.

MICHAEL P. O'HARA est cinéaste et œuvre au sein de NABET 700, le syndicat torontois des techniciens du cinéma et de la télévision.

BRIAN O'KEEFE est l'ancien secrétaire-trésorier du Syndicat canadien de la fonction publique de l'Ontario et coprésident d'OMERS Sponsors Corporation.

JOHN PIPER est un vieil ami de la famille et un collègue dans le domaine communautaire.

DICK PROCTOR présida le caucus fédéral du NPD de

1998 à 2004. Jack Layton le choisit comme chef de cabinet par intérim en 2004 et comme secrétaire fédéral suppléant du parti en 2008.

DAVID RAESIDE est professeur de science politique et des études sur la diversité sexuelle à l'Université de Toronto.

SVEND ROBINSON a été député du NPD de 1979 à 2004. Il vit actuellement en Suisse où il coordonne les relations parlementaires pour le Fonds mondial de lutte contre le sida, la tuberculose et le paludisme.

ANVER SALOOJEE est président de la Faculty Association et professeur au département de politique et d'administration publique à l'Université Ryerson.

MYER SIEMIATYCKI est un professeur de science politique à l'Université Ryerson.

KEVIN SYLVESTER est un animateur de radio, auteur et illustrateur.

PETER TABUNS est un député provincial. Il était l'ancien conseiller de Jack Layton pour les questions climatiques durant la première année que Jack passa sur la Colline parlementaire.

BRIAN TOPP est directeur exécutif de l'ACTRA de Toronto. Il a été président du NPD et directeur national de campagne du parti en 2006 et 2008. Il est originaire de Longueuil, au Québec.

ADAM VAUGHAN est conseiller municipal de Toronto pour Trinity-Spadina.

MEL WATKINS est un économiste politique canadien et un militant. Il est professeur émérite en économie et en science politique à l'Université de Toronto.

RICHARD ZAJCHOWSKI enseigne à Camosun College, à Victoria, en Colombie-Britannique, et fut l'un des amis intimes de Jack pendant plus de 50 ans.

TABLE DES MATIÈRES

REMERCIEMENTS

Nous aimerions d'abord remercier toutes les collaboratrices et tous les collaborateurs dont les souvenirs et les photos forment l'essentiel du présent ouvrage. Ils sont la preuve que, selon le vieil adage, si on désire réaliser quelque chose, il suffit de faire appel à des personnes surchargées de travail – ce qui est leur cas. Nous aimerions exprimer particulièrement notre gratitude à Nathan Rotman et à Olivia Chow, qui nous ont grandement aidés à retrouver et à rejoindre les personnes témoins du parcours de Jack.

Nous tenons également à remercier les réviseurs Bob Chodos et Ginny Freeman MacOwan pour leur travail sur le manuscrit. Merci aussi à notre éditeur Jim Lorimer, à la directrice de rédaction Diane Young et à la directrice de production Amanda Lucier pour leur appui, leur encouragement et leur grande patience.